les arômes du Chocolat

les arômes du *Chocolat*

les arômes du Chocolat

les arômes du Chocolat

Stéphan Lagorce

Photographies
Éric Fénot

Stylisme
Delphine Brunet

hachette
PRATIQUE

les arômes du **Chocolat**

SOMMAIRE

INTRODUCTION

Est-il encore possible d'écrire un livre sur le chocolat, un sujet sur lequel tant de pages ont déjà été écrites, tant de conseils donnés, tant de recettes, bonnes et moins bonnes, offertes au lecteur ? L'éditeur, l'auteur, la graphiste et plus généralement toutes les compétences qui se sont réunies pour réaliser cet ouvrage se sont posés cette question.

L'angle de la dégustation est assez vite apparu comme pertinent car très peu abordé dans la littérature culinaire. Tout l'ouvrage est donc centré autour de l'idée de découverte et de dégustation. Comment déguster le chocolat ? Selon quels critères ? Avec quoi ? Comment et quand ? Autant de questions auxquelles l'ouvrage tente de répondre en proposant des idées et suggestions pour mieux comprendre et finalement mieux aimer ce merveilleux produit qu'est le chocolat, aussi complexe qu'il soit.

Une fois présentées les différentes formes que peut revêtir le chocolat (tablettes, poudre, pâte à tartiner...), il est apparu indispensable d'offrir au lecteur les clés ouvrant les portes d'une dégustation réussie. Comment mettre à l'épreuve chacun de nos cinq sens pour percevoir efficacement la myriade de saveurs que propose le chocolat ? Arrive ensuite l'heure des accords classiques (chocolat et cigares, chocolat et cafés...) ou insolites (chocolat et fleurs, chocolat et épices...) qui magnifient agréablement le chocolat.

Plus loin sont présentées 40 recettes essentielles, les « fondamentaux » de la pâtisserie au chocolat, à partir desquels toutes les variantes, toutes les fantaisies et même toutes les folies deviennent possibles. Enfin, un ouvrage sur le chocolat ne saurait être complet sans les conseils pratiques liés à son achat, sa conservation ou sa fabrication, les trucs et astuces pour le cuisiner sans surprise ou encore les traditions étrangères ou françaises qui le mettent, ponctuellement dans l'année, sur le devant de la scène.

Le chocolat est un produit universel. Notre ambition est d'en éclairer les aspects les moins connus et d'en faire apparaître toute la richesse finalement inépuisable. Abondamment illustré, concis, résolument pratique et accessible, cet ouvrage saura combler tous les amoureux du chocolat, les grands connaisseurs comme les profanes.

Bonne dégustation !

LES CHOCOLATS ET LA DÉGUSTATION

LES FORMES DU CHOCOLAT : LES TABLETTES

Les gourmands sont gâtés : chez l'artisan comme en grandes surfaces, le choix en tablettes de chocolat est plus que généreux ! Voici quelques clés pour mieux comprendre les dénominations de vente et l'extraordinaire variété proposée.

Les chocolats « noirs »

Ces produits ne contiennent que du cacao (pas moins de 35 %), sous forme de pâte, de poudre et de beurre. On ajoute aussi du sucre, un émulsifiant et parfois même un arôme. La mode est au pourcentage ; aussi trouverez-vous des produits contenant 55, 70, 86 voire 99 % de cacao ! L'ajout de cacao se fait au détriment du sucre. Donc plus le pourcentage annoncé est élevé, plus le chocolat est puissant et amer.

Les chocolats blancs

Ils ne contiennent que du beurre de cacao (20 % minimum), du lait en poudre, un émulsifiant et souvent un arôme. En l'absence de poudre ou de pâte de cacao, leur couleur est donc peu soutenue.

Les chocolats au lait

Formule intermédiaire entre le chocolat noir et le chocolat blanc, les chocolats au lait contiennent du cacao (25 % minimum), du sucre, de la poudre de lait entier, des lactosérums, un émulsifiant et très souvent un arôme. Certains produits dénommés « lait volupté » ou « suprême de lait » peuvent avoir été enrichis avec de la crème.

Les chocolats pour desserts

On trouve trois grandes catégories (noir, blanc et au lait) de chocolats vendus avec la mention « Desserts ». Ils contiennent les mêmes ingrédients, mais sont élaborés et formulés par des industriels de manière à pouvoir fondre plus facilement et sans grumeaux.

Les « spécialités »

Très en vogue, cette catégorie regroupe des chocolats issus des quatre précédentes catégories, mais auxquels ont été ajoutés les ingrédients les plus divers, comme les noisettes, le pralin, les zestes d'orange, la noix de coco, des éclats de cacao, de la menthe ou encore des épices comme le piment.

Les crus et origines

Ces chocolats sont issus de plantations ou de domaines spécifiques et portent, dans leurs saveurs, les caractéristiques propres du lieu de leur production, comme un vin AOC ou les whiskies « single malt ». On recherche ici des saveurs typiques et, pour les exprimer, les produits sont souvent proposés avec un fort pourcentage de cacao, souvent 70 %, voire davantage.

Les chocolats équitables et bio

Ils répondent aux cahiers des charges que leurs dénominations imposent, et sont assujettis aux mêmes règles de commercialisation que les autres chocolats. Contenant au moins 95 % d'ingrédients bio, ils sont toujours succulents.

LES FORMES DU CHOCOLAT : LES AUTRES PRODUITS

À côté des tablettes, la fête continue… Et pas moyen d'échapper au chocolat à toute heure du jour et de la nuit pour les vrais amateurs.

Le cacao en poudre

C'est « l'âme » même du chocolat, au cœur de sa saveur et de sa couleur. Le cacao en poudre est obtenu en torréfiant les graines de cacao et en les broyant très finement. Un autre traitement, l'alcalinisation, est appliqué pour en renforcer la couleur. Amer, puissant, capiteux, il est à la base de multiples boissons, recettes et desserts.

Le chocolat en poudre

Il est composé de poudre de cacao (au moins 32 %), de sucre, souvent d'un émulsifiant et renforcé par un arôme. Notez qu'il peut être fortement « dégraissé » ou « maigre » selon sa teneur en « beurre » de cacao.

Les poudres et boissons instantanées

Appréciées des enfants et fabriquées par des marques connues, elles contiennent les mêmes ingrédients que les chocolats en poudre auxquels ont été ajoutés du lait en poudre, des céréales, des fruits secs et mêmes parfois des vitamines.

Les pâtes à tartiner

Ici, une marque connue domine le marché… même si d'autres produits existent aussi plus marginalement. Les pâtes du commerce sont des variantes industrielles de la ganache traditionnelle. Elles contiennent souvent peu de cacao (moins de 10 %) mais beaucoup de sucre, d'huile végétale et de fruits secs. Un émulsifiant permet au produit de ne pas se dissocier.

Les bouchées fourrées et rochers

Les chocolatiers perpétuent cette gourmande tradition et les marques industrielles rivalisent d'imagination, surtout en fin d'année. Ces produits très variés ont en commun d'être constitués d'un enrobage ou d'une coque en chocolat (noir, blanc ou au lait) et d'un fourrage (pralin, ganache, fruits, zestes, gianduja, etc.).

Les œufs et personnages

Ils sont élaborés avec des chocolats noirs, au lait ou blancs par moulage. Les deux demi-œufs sont formés, refroidis, démoulés puis assemblés et collés entre eux avec du chocolat fondu.

Les boissons alcoolisées

On trouve soit des liqueurs titrant jusqu'à 25 °C, élaborées par macération de fèves torréfiées, soit des « crèmes » très sucrées et sirupeuses, souvent préparées avec de la crème. Elles se dégustent généralement au moment du dessert ou parfument certains entremets.

SAVOIR DÉGUSTER

La dégustation du chocolat, c'est une grande cuillerée de plaisir (avant tout !) et un soupçon de technique... Pour l'amateur éclairé et désireux d'en percevoir toutes les subtilités, quelques connaissances de base à propos de ce que l'on nomme « le goût » sont très utiles. Voici celles dont il faut se rappeler.

Le ou « les » goûts ?

Quand on déguste un chocolat, quelle que soit sa forme ou sa qualité, le « goût » que nous avons est en fait la somme de trois perceptions : gustatives, olfactives et physiques.

Perceptions gustatives

Elles sont révélées par les « bourgeons du goût », petites aspérités qui couvrent la langue. Pour simplifier, c'est cette perception qui rend compte de l'amertume, de l'acidité et du caractère sucré d'un chocolat.

Perceptions olfactives

Celles-ci sont délivrées par des terminaisons nerveuses situées dans le nez : les aliments ne sont donc jamais en contact direct avec elles. Extrêmement sensibles, elles révèlent toute la palette aromatique d'un grand cacao : notes grillées, torréfiées, épicées, suaves, etc.

Perceptions physiques

Elles sont restituées par toute la bouche et concernent le caractère chaud, froid, piquant, astringent d'un aliment et tout ce qui est lié à sa texture, fondante, granuleuse ou homogène.
Leur véritable nom savant est « Perceptions somesthésiques ».

Petit exercice pratique

1

Croquez un carré de chocolat noir, prenez 20 secondes pour analyser son goût puis tentez de faire la part des choses entre ce qui relève du gustatif, de l'olfactif et du physique.

2

Faites la même chose en vous pinçant le nez... Puis comparez !

Je déguste ou j'aime ?

Nous sommes ainsi faits que nous jugeons toujours ce que nous consommons en disant « J'aime » ou « Je n'aime pas ».

C'est, en quelque sorte, un réflexe conditionné qu'il faut savoir corriger quand on veut apprendre à déguster. Se faire une idée d'un chocolat demande un peu d'objectivité. Il s'agit plutôt de savoir analyser ses propres perceptions (douces, fortes, sucrées) que de juger à travers des références personnelles, forcément « égocentriques ».

Par exemple : je n'aime pas le sucre, donc je risque de trouver « mauvais » un chocolat blanc de bonne qualité et « bon » un chocolat noir de mauvaise qualité, parce que ce dernier est tout simplement moins sucré… Il faut, dans un premier temps, apprendre à se faire une idée sur le chocolat, en décrire les particularités puis, dans un second temps seulement, le juger.

Petit exercice pratique

1

Dégustez un chocolat que vous aimez vraiment.

2

Listez ses qualités en 5 mots.

3

Sachez que vos jugements seront toujours influencés par ces valeurs qui vous sont propres… Corrigez !

NOS 5 SENS ET LA DÉGUSTATION

On ne déguste pas le chocolat avec, pour seul guide, le goût. Ce serait contempler un paysage d'un seul œil, car bouchées, tablettes et ganaches concernent nos 5 sens, sans exception. Explications.

La vue

C'est par ce sens que se noue le premier contact avec le chocolat. Il est donc essentiel et ne doit surtout pas être négligé. Commencez par apprécier la couleur du produit : marron, noir, blanc, intermédiaire ? Plus il est noir, plus le produit est riche en cacao. Évaluez ensuite la saturation des teintes : ce chocolat est-il marron et celui-ci un peu plus clair ? Les cacaos ont peut-être été davantage torréfiés dans un cas que dans l'autre ? Observez ensuite le brillant, signe que la pâte de cacao a bien été tempérée, moulée et refroidie. Ce chocolat paraît-il terne ? Le beurre de cacao a sans doute mal cristallisé en refroidissant... Prudence !

L'odorat

Les chocolats ont une odeur qui raconte déjà une partie de leur vie. Est-elle puissante ou faible ? Voilà un bon indicateur pour le pourcentage de cacao et la qualité de sa torréfaction. Est-elle douce, musquée, épicée, neutre ? Les chocolats de grands crus ont un fumet bien affirmé que n'ont pas les autres. Percevez-vous une petite note indésirable ? Dans ce cas, le chocolat a peut-être mal vieilli ou s'est éventé.

Le goût

Avec le goût, il faut tenter de se concentrer sur la saveur sucrée. Est-elle équilibrée, trop forte ? Y a-t-il un goût acide ? Est-il perceptible ? Si oui, dans quelle mesure ? Une trop forte acidité peut révéler un cacao mal fermenté ou mal séché. Enfin, l'amertume est-elle faible ou forte ? Autant d'indications sur le pourcentage de cacao et sur son degré de torréfaction.

Le toucher

Le chocolat se goûte également... avec les doigts. Est-il lisse, presque impalpable ou très légèrement rugueux ? Se met-il à fondre ou non dès que vous le touchez ? Paraît-il lisse ou soyeux ? La réponse à ces diverses questions permettra de juger de la richesse en beurre de cacao d'un chocolat et de la finesse des micro-grains de cacao qui le composent.

L'ouïe

L'ouïe, elle aussi, a son rôle à jouer dans la dégustation du chocolat. Au moment où vous brisez une tablette ou des carrés, entendez-vous un « clac » sec et bref ou, au contraire, le chocolat cède-t-il progressivement sans se faire entendre ? Dans le premier cas, le chocolat est sans doute trop froid pour être dégusté dans de bonnes conditions, dans le second, il est probablement trop chaud.

Petit exercice pratique

1

Prenez deux tablettes de chocolat : une « noire » à 70 % de cacao et une autre blanche. Remarquez leurs différences en les touchant, en les humant puis en les cassant.

2

Répétez l'exercice avec des chocolats moins dissemblables en notant bien les différences.

LES USTENSILES NÉCESSAIRES À LA DÉGUSTATION DU CHOCOLAT

Rien de plus facile que d'organiser une petite dégustation entre amis car les ustensiles nécessaires sont très faciles à trouver. Ils font cependant toute la différence et aident à mieux percevoir toute la subtilité des chocolats, qu'ils soient présentés sous la forme de tablettes, de pâtes, de cacao à boire ou de liqueurs.

Pour déguster les tablettes

Selon les variétés de chocolats que vous voulez déguster ou faire déguster, vous pouvez prendre des assiettes ou des soucoupes, blanches ou transparentes. Dans tous les cas, les chocolats ne doivent pas se toucher et être espacés d'au moins 1 cm. Certaines marques proposent des nuanciers de chocolats sous forme de carrés ou de petits disques. Pour les saisir, les observer puis les déguster, on se sert d'une petite pince qui évite de les toucher avec les doigts.

Pour déguster les pâtes à tartiner

Les pâtes à tartiner se dégustent avec des mini-cuillères, dites « cuillères à moka », qui servent habituellement au service du café. Leur contenance est trois fois moins importante que celle d'une cuillère à café classique, et elles permettent de déguster plusieurs fois le même produit sans se lasser. Prenez la pâte avec ces mini-cuillères que vous poserez ensuite sur des assiettes blanches. Ne faites pas déguster plus de quatre produits différents en une seule séance ; assez gras, ils « saturent » rapidement le palais.

Pour déguster les cacaos à boire

Pour bien déguster les cacaos à boire, et bien en apprécier toutes les teintes, couleurs et nuances, choisissez toujours des récipients transparents ou blancs. En effet, l'œil est vite perturbé si le cacao, marron, est servi dans un bol vert, jaune ou rouge... Vous pouvez choisir entre la tasse, le bol et le verre mais privilégiez toujours ceux dont les bords sont les plus fins. Une contenance allant de 15 à 20 cl suffit amplement. Prévoyez également des petites cuillères pour mélanger ou sucrer le cacao.

Pour déguster les liqueurs

Présentez-les dans des ballons à cognac, ou des grands verres à bords fins dans lesquels les arômes pourront se libérer et être facilement perceptibles. Servez la liqueur puis laissez-la dans le verre pendant 5 minutes environ avant de déguster.

BIEN DÉGUSTER LES CHOCOLATS EN TABLETTES

Comment apprécier à leur juste valeur les tablettes, du chocolat blanc, riche et sucré, au chocolat noir à 80 % de cacao, puissant et amer ? Quels sont les bons gestes ? Comment s'organiser ? Rien n'est plus amusant que de déguster plusieurs chocolats entre amis et de confronter leurs points de vue. Vous pourrez constater que pour un seul et même produit les avis sont toujours très partagés.

Déguster : pour quoi faire ?

Pour se faire plaisir bien sûr et pour mieux connaître ce merveilleux produit. Le but ici n'est pas de faire de « l'analyse sensorielle », technique complexe utilisée par les industriels pour goûter et décrire de manière scientifique leurs produits. Il s'agit juste de savoir apprécier, percevoir des différences et de tenter d'en expliquer une partie pour devenir, en peu de temps, un connaisseur éclairé capable, par exemple, de différencier les différents taux de cacao.

Combien de personnes à la fois ?

Il n'y a pas vraiment de règles ; tout dépend de la place dont vous disposez. Six à huit personnes forment un groupe au sein duquel on peut facilement échanger. Au-delà de ce nombre, les choses deviennent parfois plus confuses.

Quels produits déguster ensemble ?

On ne confronte pas un chocolat blanc avec un cacao grand cru, car cela n'aurait pas de sens, sans porter de jugement de valeur. Les différences sont trop importantes, et le palais, contraint de faire « le grand écart », perd sa capacité à juger. Donc la règle d'or, pour une dégustation réussie et cohérente, consiste à déguster ensemble des familles de chocolat qui soient comparables (voir « Les formes du chocolat », pages 11 et 12). Vous pouvez ainsi faire des dégustations spéciales « chocolats noirs », « chocolats au lait », « cacaos à boire », etc.

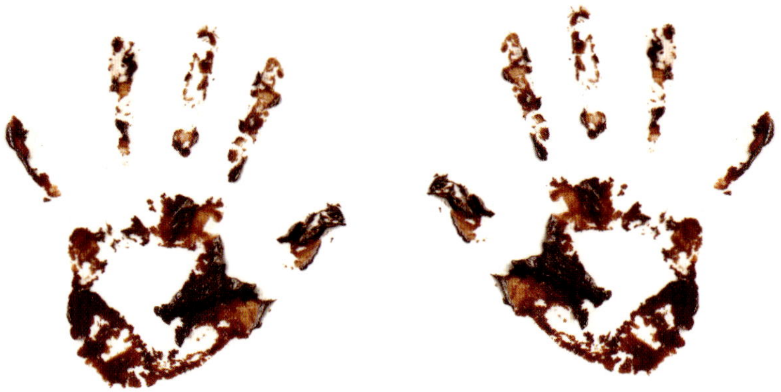

Combien de produits déguster en une seule fois ?

Ici, il apparaît difficile de dicter des règles strictes, c'est pourquoi nous ne ferons que vous conseiller. Le chocolat est un produit riche, capiteux, aromatique, assez gras, qui crée vite un effet de « saturation ». Le palais, très sollicité par la richesse des saveurs, perd, au fur et à mesure de la dégustation et plus ou moins rapidement selon les individus, son acuité. Voici les quantités conseillées pour une dégustation efficace.

Chocolats noirs et grands crus

Pas plus de 8 à 10 produits différents.

Chocolats au lait

Pas plus de 6 à 8 produits différents.

Chocolats blancs

Pas plus de 4 à 6 produits.

Spécialités

Pas plus de 4 à 6 produits.

Ordre de dégustation et temps de la dégustation

Goûtez toujours vos chocolats des plus « faibles » aux plus puissants. Pour les chocolats noirs, en particulier, commencez par ceux ayant un minimum de 35 % de cacao puis poursuivez par des pourcentages de plus en plus forts, et non l'inverse. Donnez-vous au moins 1 à 2 minutes par type de chocolat. Notez vos impressions par écrit au fur et à mesure puis dans un second temps seulement, comparez les produits entre eux.

À faire et à ne pas faire

- Ne préparez pas les assiettes de dégustation plus de 30 minutes à l'avance et ne touchez pas le chocolat avec vos doigts : cassez les tablettes à travers l'emballage d'aluminium.
- Ne donnez pas plus de 2 carrés d'un même chocolat par personne.
- Les meilleurs heures pour déguster : 11h-12h30 et 19h-21h.
- Évitez les dégustations après les repas copieux.
- Buvez une gorgée d'eau à température ambiante entre deux chocolats différents.

BIEN DÉGUSTER LES CHOCOLATS À BOIRE

Les chocolats à boire doivent être proposés à la dégustation à la même température et au même moment. La comparaison sera alors plus aisée.

La fabrication des cacaos à boire

Pour les cacaos amers en poudre, préparez-les tous de la même manière. Comptez 2 cuillères à café bombées de cacao (7 g), 2 cuillères à café de sucre (10 g) et 15 cl de lait. Faites frémir ce mélange, laissez ensuite refroidir pendant 5 minutes puis servez.

Pour les autres produits en poudre « à boire », procédez de la même manière en comptant 2 cuillères à soupe de produit (30 g) pour 20 cl de lait.

La préparation du service

Faites tremper le service de dégustation (verres, bols ou tasses) dans de l'eau chaude (ou dans le four réglé sur 60 °C), puis séchez-le. Proposez aux convives le cacao servi au dernier moment dans les verres, bols ou tasses : ils pourront ainsi mieux juger le caractère onctueux et crémeux du produit. Mettez à leur disposition des petites cuillères.

L'ordre de dégustation,
nombre de produits, quantités et température

Commencez par les cacaos amers plus puissants et aromatiques et poursuivez par les boissons instantanées. Ne présentez pas plus de quatre ou cinq boissons à la fois. Une tasse de 15 cl de chaque chocolat est amplement suffisante. La température idéale est de 45/50 °C.

La dégustation

Dégustez les cacaos un par un et notez aussitôt vos observations par écrit sur une feuille de papier (saveur riche, pauvre, complexe, simple, amère, trop sucrée, etc). Après avoir fait le tour des produits, comparez-les les uns aux autres et classez-les, par exemple, par ordre de puissance, de complexité ou tout autre critère. Ensuite, seulement, faites un classement par ordre de préférence. Mettez enfin en commun vos observations.

Avec du lait ou de l'eau ? Sans sucre ou avec sucre ?

Pour les cacaos amers (100 % cacao), la question mérite d'être posée. Certes, sucrés et préparés avec du lait, ils sont délicieux, mais ces ingrédients ont aussi le défaut de masquer une partie de la richesse aromatique de la boisson. Une simple dilution à l'eau permet de découvrir l'infinie variété de saveurs offerte par les cacaos amers. La sensation est déroutante la première fois mais l'expérience est aussi unique que pédagogique.

SAVOIR DÉGUSTER DES RECETTES À BASE DE CHOCOLAT

On ne déguste pas un gâteau au chocolat comme un sabayon, ni une glace comme une bouchée. Pour bien apprécier toutes les subtilités d'un dessert préparé avec du cacao ou du chocolat, voici quelques conseils très simples.

Les gâteaux

Idéalement, dégustez-les dans les deux ou trois heures qui suivent leur cuisson. Dans la recette de gâteau, les arômes du chocolat sont associés, complexés avec ceux du beurre, de la farine, des œufs et perdent peu à peu leur puissance. Ne tardez pas !

Les fondants

À déguster quasiment à la sortie du four, le fondant doit être démoulé assez rapidement mais délicatement pour ne pas le briser. Servez-le sans attendre ; son cœur restera bien coulant et ne continuera pas à cuire par inertie thermique. Pour une dégustation réussie, proposez-le avec des petites cuillères.

Les bouchées

Servez-les fraîches, si possible entre 8 et 12 °C environ (c'est possible si vous avez une cave à vin). Leur parfum est intense et le palais finit par perdre sa sensibilité après quelques minutes. Pensez à boire un tout petit peu d'eau entre chaque bouchée pour bien en retrouver les saveurs. Si vous avez plusieurs types de bouchées ou truffes, terminez toujours par celles qui sont alcoolisées ou aromatisées, que ce soit avec du pralin, des épices ou du thé.

Les glaces

C'est à la sortie de la sorbetière que la glace au chocolat est la plus savoureuse. Si vous la laissez dans le congélateur, les cristaux de glace qui la constituent se ressoudent ensemble, la glace se transforme alors en une masse solide dont les arômes deviennent moins perceptibles.

Les sauces chaudes

Elles ne doivent jamais être servies plus chaudes que 56 °C, température à laquelle la sensation de « brûlant » est ressentie. Ne nappez les desserts de sauce qu'au tout dernier moment ; elle gardera alors tout son brillant.

Les macarons

S'ils sont natures, consommez-les assez peu de temps après la cuisson. Si vous les garnissez, patientez une journée (si vous pouvez !) : le fourrage détend légèrement la pâte cuite et leur donne un merveilleux mœlleux.

Lexique de dégustation

Voici quelques termes utilisés pendant la dégustation du chocolat et leur signification.

La texture

Cassante

Nature d'un chocolat se cassant avec une fracture nette.
La « casse » d'un chocolat noir n'a rien à voir avec celle d'un chocolat au lait.

Fondante

Terme définissant la rapidité avec laquelle un chocolat fond dans la bouche pendant sa dégustation.

Granuleuse / farineuse

Ces termes qualifient la grandeur, la forme et la quantité de particules entre les dents.

Grasse

Sensation ou absence de sensation de gras dans la bouche pendant la dégustation.

Pâteuse / collante

Se dit quand un chocolat semble avoir du mal à fondre en bouche.

Sèche

Se dit d'un chocolat long à fondre en bouche.

Le goût

Acide

Certaines fèves très fermentées peuvent donner des chocolats assez acides.

Agressif

Il correspond à la rapidité avec laquelle il se manifeste en bouche.

Amer

L'amertume est caractéristique des chocolats noirs dont le taux de cacao est élevé.

Cacaoté

Ce terme caractérise la force en cacao et s'applique le plus souvent aux chocolats noirs.

Intense

Ce terme définit le caractère soutenu du goût d'un chocolat.

Lacté

Ce terme désigne aussi bien la présence d'un goût ou d'une odeur franche de lait, de crème ou de beurre. Il concerne bien sûr le chocolat au lait et le chocolat blanc.

Medium

Ce terme définit le caractère moyennement soutenu du goût d'un chocolat.

Subtil

Ce terme définit le caractère peu soutenu du goût d'un chocolat.

Sucré

Les chocolats ne sont pas tous sucrés de la même manière, peu ou prou.

Les saveurs

Animales

Certains chocolats, noirs essentiellement, développent des notes musquées, profondes, qualifiées d'« animales ».

Épicées

Pendant la torréfaction, les fèves de cacao génèrent beaucoup d'arômes. Selon les origines et le procédé utilisé, certaines d'entre elles rappellent les épices.

Florales

Certains grands crus donnent des cacaos aux notes légères souvent qualifiées de « florales » ou « fleuries ».

Grillées

Ce terme caractérise l'intensité des notes torréfiées du chocolat.

Vanillées

Elles sont typiques de nombreux chocolats blancs et chocolats au lait.

À savoir

Quand vous dégustez un chocolat, tentez de faire la part des choses entre les notes aromatiques « d'attaque », perçues dans les 4 à 5 secondes après la dégustation, et les notes dites « de fond », plus longues à venir mais très puissantes.

Lexique technique

Alcalinisation

Procédé visant à assombrir la teinte des cacaos en poudre.

Beurre de cacao

C'est la matière grasse obtenue par pressage de la pâte de cacao. C'est elle qui donne texture, tenue et fondant au chocolat.

Bonbons de chocolat

Fourrages enrobés de chocolat, appelés le plus souvent bouchées ou encore chocolats. Ils peuvent être parfumés avec du pralin, du gianduja, des alcools, des épices, des aromates ou du thé.

Cabosse

Fruit du cacaoyer.

Cacao

Substance tirée de la fève du cacaoyer. La pâte de cacao est la matière première de tous les produits à base de cacao ; elle est obtenue par broyage des fèves torréfiées, décortiquées et dégermées. Elle contient entre 45 et 55 % de matière grasse. Le beurre de cacao provient d'ailleurs de l'extraction partielle de cette dernière. Il se fige alors pour devenir dur et se conserve fort bien dans cet état. D'autre part, ce qui reste dans la presse, « le tourteau », est concassé puis pulvérisé, fournissant ainsi une poudre de cacao plus ou moins grasse selon l'intensité de la pression exercée lors de l'extraction du beurre.

Chocolat de couverture

Chocolat noir, au lait ou blanc, commercialisé en grosse plaque pour les professionnels.

Conchage

Opération consistant à brasser la pâte de chocolat à une température précise pour maîtriser la cristallisation du beurre de cacao. Cette opération, fondamentale en chocolaterie, confère au mélange son homogénéité et sa texture.

Enrobage

Procédé consistant à recouvrir des bouchées d'une couche de chocolat. Pour y parvenir, on les dispose sur un tapis roulant qui les entraîne sous une « douche » de chocolat. On peut également les tremper manuellement, avec une fourchette spéciale.

Fève

Graine extraite de la cabosse et dont on tire le cacao.

Ganache

La ganache est obtenue en mélangeant du chocolat avec de la crème fraîche, ou du beurre. Elle peut être nature ou parfumée.

Gianduja

Pâte préparée avec des noisettes grillées, broyées, du sucre et du chocolat fondu.

Grué

Brisures de cacao fermenté et séché, torréfié dans certains cas.

❋

Nougatine

Caramel blond mélangé à des amandes grillées, concassées et parfois additionnées de noisettes. La nougatine peut être moulée, ou mise sous forme de plaque par laminage.

❋

Pralin

Mélange d'amandes émondées et éventuellement de noisettes enrobées de caramel léger puis finement broyées.

❋

Tempérer

Porter le chocolat à une température donnée pour en améliorer la brillance et le cassant.

❋

Torréfier

Faire griller les fèves de cacao pour développer et créer l'arôme.

LES BONS ACCORDS

LE CHOCOLAT ET LES VINS

Associer les vins avec les aliments relève toujours d'une science très inexacte… et donner des règles strictes est un défi au bon sens : ce qui est un pur délice pour une personne peut se révéler sans intérêt pour une autre. La beauté est toujours plus dans l'œil du spectateur que dans l'œuvre elle-même… Donc, prudence ! Voici juste quelques petites idées pour s'initier à la recherche de ces délicats équilibres.

Pour les chocolats noirs typés, assez amers, à déguster en carrés, les ors d'un **gewurztraminer vendanges tardives** aux arômes de fruits confits et d'épices sont d'un extrême raffinement. La même expérience peut également être faite avec un **sauternes.** La sensation est sans doute florale, mais peut-être plus capiteuse et profonde.

Vous pouvez tenter des associations moins complexes, et toutefois intéressantes, en savourant un **banyuls grand cru** servi à 12/17 °C (surtout pas plus frais) avec un chocolat « grand cru » ou mono-origine de Tanzanie ou du Venezuela.

En chocolaterie artisanale et parfois même en grande surface, on trouve de « grands » chocolats au lait qui méritent mieux qu'être croqués hâtivement à l'heure du goûter. Dégustez-les avec un **rivesaltes** tuilé et âgé aux arômes de fruits confits, de pain d'épices et de miel.

Pour les (bons) chocolats blancs sucrés et généreux, essayez plutôt les **portos blancs** ou les **vins de liqueur**.

Certains rouges peuvent accompagner très agréablement les chocolats. Il faut toujours les servir en petites quantités : leurs arômes doivent souligner ceux du chocolat et non pas les masquer. Dégustez un carré de chocolat noir 70 % avec un **côte-rôtie** aux parfums de fruits à l'eau-de-vie et de vanille. Faites la même chose avec un **pommard** dont les tanins font merveille avec les notes grillées du cacao… Enfin, et pour ne pas oublier les vins rosés, croquez un carré de bon chocolat au lait avec un **tavel** de qualité : sensation de fraîcheur et de surprise garantie !

LE CHOCOLAT ET LES ALCOOLS

Les alcools forts sont bien plus faciles à marier aux chocolats que les vins. En effet, leurs arômes et surtout leur quasi-absence d'acidité les rendent « naturellement » complémentaires des saveurs sucrées et grasses du chocolat. Ici, les alcools doivent être servis en petites quantités. Une autre technique consiste simplement à tremper rapidement les carrés de chocolat dans l'alcool.

Les armagnacs

Découvrez ou redécouvrez la puissance d'un chocolat noir dégusté avec un bas-armagnac fruité et délicat. Si vous aimez les saveurs plus longues et capiteuses, optez pour un armagnac ténarèze vieux et ambré et tentez l'expérience d'un noir 90, voire 99 %... Sensations garanties !

Les cognacs

Servez un fond de cognac grande ou petite champagne dans un ballon. Laissez-le « respirer » une minute puis dégustez-le avec un cru guanaja d'Amérique centrale ou un caraïbe, encore plus typé peut-être. Les arômes d'une telle association sont tellement complexes que le palais a bien du mal à faire la part des choses... Mais quel plaisir !

Les whiskies single malt

Les chocolats aiment les whiskies et ceux-ci le leur rendent bien... Si vous appréciez les « single malt » plutôt légers mais quand même ronds et souples, associez-les avec des truffes ou des bouchées à la ganache. Si vous préférez la complexité sans fin et le velouté des whiskies tourbés, mariez-les alors à des bouchées pralinées ou parfumées au gianduja.

Le rhum

Préférez le rhum agricole élaboré par simple fermentation et distillation du jus de canne à sucre. Ses saveurs vanillées et de gâteau sortant du four s'associent merveilleusement bien aux grands crus des Caraïbes mais aussi aux chocolats au lait ainsi qu'aux chocolats blancs.

La tequila

La tequila ou « vin d'agave » est un alcool qui se marie bien au chocolat. Elle souligne bien les saveurs complexes, très torréfiées ou même un peu acides des chocolats mono-variétaux comme les *criollos* ou les *forasteros* (voir page 152).

La vodka

Gardez la vodka pour déguster certains desserts au chocolat comme la glace, la mousse et le fondant (voir pages 125, 59 et 90). Servez-la glacée, en toute petite quantité et appréciez le contraste qu'elle provoque : suavité et agressivité paraissent ici faire très bon ménage...

LE CHOCOLAT ET LES CAFÉS

Le café et le chocolat sont si proches qu'on pourrait les dire... cousins ! Ils proviennent à peu près des mêmes zones géographiques et une partie de leurs processus d'élaboration (la torréfaction, par exemple) sont les mêmes. Pas étonnant, donc, qu'ils se marient si bien ensemble. La mode est aux « origines pures » : « pur Colombie », « pur Nicaragua », etc. Mais les meilleurs cafés restent toutefois les mélanges de différents crus et origines qui s'équilibrent entre eux.

Le robusta et l'arabica

Les robustas forts en caféine et assez amers s'apparient peut-être mieux avec des chocolats relativement sucrés comme les noirs à 52 %, chocolats au lait, bouchées ou truffes. Les arabicas sont plus acides mais très aromatiques, surtout quand ils proviennent du Nicaragua ou du Kenya. Proposez-les avec des confiseries chocolatées comme les fudges, les mendiants ou les orangettes (voir pages 67, 68 et 70). Si vous recherchez des saveurs plus équilibrées, assemblez ou achetez un café composé des deux variétés robusta et arabica. Préparez-le assez serré, il sera parfait pour accompagner les macarons, les dacquoises, ou les madeleines.

Le moka

Pour une expérience plus exceptionnelle, préparez un café cultivé sur les hauts plateaux éthiopiens de Harar ou de Sidamo, le succulent moka. Ce café de grande origine se caractérise par sa très faible teneur en caféine, sa saveur douce et parfumée. Il sera parfait avec un chocolat noir à 70 % à croquer nature, une tarte, un quatre-quarts ou des sablés (voir pages 130, 97 et 99).

Le blue mountain

Encore plus rare, le blue mountain est cultivé sur les hauts plateaux de la Jamaïque. C'est un arabica très rare d'un extrême raffinement. Superbement parfumé, à peine acide, il est doux, très fin, avec des arômes délicats tout à fait uniques. Superbe avec un chocolat noir grand cru, croqué nature, ou un délicat soufflé chaud (voir page 116).

LE CHOCOLAT ET LES FLEURS : TECHNIQUES D'ASSOCIATION

C'est grâce aux chocolatiers, aux artisans et à quelques pâtissiers très inventifs que les fleurs ont trouvé leur vraie place aux côtés du chocolat. Il y a dans ces associations une dimension assez expérimentale, on pourrait même parler d'une « alchimie » culinaire et gourmande, tant les mariages sont étonnants. On peut marier les fleurs et le chocolat de plusieurs manières et, dans chacun des cas, les fleurs peuvent être fraîches, séchées, ou confites.

Les infusions/décoctions

Les pétales de fleurs infusent à la manière d'une tisane dans du lait et/ou de la crème qui sert ensuite à préparer une ganache (voir page 57). Dans ce cas, on ne garde que l'arôme des fleurs dans le chocolat, les pétales utilisés étant éliminés lorsqu'ils ont donné tout leur goût. On peut ainsi faire des bouchées ou des fourrages à la lavande, à la violette odorante, à la fleur de tilleul, à la rose, au jasmin ou à la fleur de thym.

L'enfleurage

C'est une technique très ancienne et simple qui consiste à mettre en contact pendant plusieurs jours (ou quelques heures) le chocolat cassé en carrés ou concassé avec les fleurs dans un récipient hermétique. L'enfleurage est efficace si l'on l'associe à des fleurs très odorantes (lavande, fleurs de thym, d'oranger, de ciboulette, jasmin, violette ou fuchsia) des chocolats plutôt neutres (chocolats au lait, blancs ou noirs peu typés).

L'incorporation

Ici, les fleurs sont hachées ou émincées, plus ou moins finement (selon les cas et le résultat souhaité) puis ajoutées dans du chocolat fondu, des ganaches, des mousses, des glaces, ou encore des fourrages. Il est préférable de choisir des fleurs dont la texture n'est pas trop ferme puisqu'elles restent dans le chocolat et seront consommées : rose, rose trémière, pétales de tournesol, œillet d'Inde et même tulipe.

Le trempage/enrobage

Dans ce dernier cas, la fleur (ou ses pétales) est simplement trempée (fraîche, blanchie ou confite) dans du chocolat fondu. Les fleurs de courgettes trempées dans un chocolat noir à 70 % donnent une petite bouchée très originale. On peut répéter l'opération avec la rose ou le tournesol. Les petites fleurs de pissenlit blanchies et enrobées de chocolat blanc sont étonnantes.

À savoir

Toutes les fleurs ne sont pas comestibles, certaines sont même toxiques. Dans le doute, achetez-les dans une herboristerie ou demandez conseil au pharmacien.

LE CHOCOLAT ET LES THÉS

Les thés permettent de donner aux chocolats des saveurs étonnantes et raffinées. On parle alors véritablement de « recettes », tant les combinaisons possibles sont nombreuses. Il apparaît difficile de donner des règles strictes, avec de « bons » et de « mauvais » accords mais plutôt quelques idées à partir desquelles chacun peut faire ses propres expérimentations.

Le thé pour déguster le chocolat

Les thés verts

Leur très légère amertume et leurs notes florales s'associent plutôt bien avec un chocolat blanc de bonne qualité, assez doux et sucré.

Les thés jaunes

Assez rares mais prisés des connaisseurs, les thés jaunes, peu infusés, soulignent bien les notes grillées d'un cru des Caraïbes.

Les thés blancs

Légers et presque diaphanes, ils adoucissent agréablement la puissance des chocolats noirs à fort pourcentage en cacao, 70 % et plus s'ils ne sont pas servis trop chauds. Ils sont également délicieux avec une ou deux pincées de cacao amer.

Les thés rouges

Leurs notes boisées et fermentées ainsi que leur suavité sont très intéressantes avec des bouchées fondantes à la ganache. Ils donnent au chocolat au lait un relief inattendu. Pour bien apprécier ces mariages, servez le thé rouge à peine chaud et sans sucre.

Les thés dans les recettes au chocolat

Ganache au tarry souchong

Les arômes fumés de ce thé donnent une saveur très intéressante à des chocolats noirs neutres ou à taux modéré en cacao (52 %). Réalisez la recette de la ganache suivant les indications de la page 57 en faisant infuser une cuillère à café rase de tarry souchong. Pensez à l'éliminer avant d'incorporer la crème au chocolat râpé. Utilisez cette ganache pour faire des truffes (voir page 127).

Ganache au lapsang souchong

Ce thé, moins fumé mais très corsé, est un délice. Prenez la recette de la ganache (voir page 57), utilisez chocolat au lait et chocolat noir en quantité égale, et faites infuser quelques pincées de thé dans la crème. Poursuivre la recette selon les indications.

Quelques associations

- Proposez un thé oolong, infusé modérément (2 à 3 minutes) avec quelques carrés de chocolat noir à 99 % de cacao : le contraste est très séduisant.
- Mariez un thé vert matcha avec un bon chocolat au lait aux amandes ou aux noisettes.
- Servez un thé au jasmin avec une mousse au chocolat noir très froide ; les antagonismes notes florales d'un côté et riche suavité de l'autre constituent une sensation unique.

LE CHOCOLAT ET LES CIGARES

Certes les meilleurs cigares se suffisent à eux-mêmes tout autant que les bons chocolats… Mais la tentation est trop forte de les associer. Leurs couleurs, leurs nuances, ne sont-elles pas si proches ? Une belle cape « maduro », ocre et dense, appelle presque naturellement la profondeur sombre d'un grand guanaja à 70 % de cacao… Dans tous les cas, faites des mariages avec des chocolats bruts. Pas de recettes ni de pâtisseries que la puissance du cigare ne risquerait d'écraser…

Hoyo de Monterrey le Hoyo du Prince

Totalement fait main, ce cigare « débute » par des notes vanillées puis évolue lentement vers des saveurs plus lourdes, tourbées et capiteuses. Avec ce « prince » des cigares, tentez l'expérience d'un noir à 99 % de cacao, seul peut-être à pouvoir en soutenir la puissance aromatique.

Romeo y Julieta Belicosos

Ce grand cigare cubain, peut-être plus léger mais plus subtil que le premier (les avis sont très partagés !) rappelle le pain d'épice dans son premier tiers puis le marc de café, dans un second temps. Dégustez des carrés d'un caraïbe noir à au moins 70 % de cacao préalablement laissé 30 minutes au réfrigérateur pour qu'il soit plus croquant.

Montecristo n° 1

La suavité même, sans doute… ou son incarnation sur terre ! Un cigare à bien préparer et à fumer très lentement pour ne pas qu'il s'échauffe. Des arômes de miel, de cannelle, de cardamome, de genièvre font de chaque bouffée un véritable voyage. Mariez-le avec un chocolat au pralin ou un cru d'Amérique centrale aux notes de bois exotique et de réglisse.

Conseil

Pour bien apprécier ces associations complexes, ne dégustez que des demis ou même des quarts de carré de chocolat à chaque fois, pas plus. Posez le chocolat sur le palais, laissez-le fondre et à ce moment, seulement, goûtez le cigare.

LE CHOCOLAT ET LES ÉPICES

Avec les épices, donnez libre cours à votre imagination : (presque) toutes les expériences sont possibles. Un petit peu à la manière des fleurs (voir page 38), on peut les utiliser de différentes manières selon le résultat souhaité. Soit on les fait infuser dans du lait ou de la crème pour n'en garder que le parfum, soit on les incorpore moulues, hachées plus ou moins finement dans les bouchées, ganaches, gâteaux, mousses et fourrages.

La muscade

Toujours incorporée dans les plats salés, la muscade apporte une suavité et une longueur de bouche très agréables aux mousses. Ajoutez-la très finement moulue au chocolat fondu en comptant 3 à 4 pincées pour 100 g de chocolat.

La cardamome

Cette épice peu utilisée dans la cuisine européenne mérite d'être découverte ou redécouverte. Elle s'accorde bien avec les bouchées et les ganaches, moulue, infusée dans la crème puis filtrée.

Le clou de girofle

Brûlant et très puissant, le clou de girofle doit être incorporé avec parcimonie, car sa saveur domine assez rapidement celle des autres ingrédients. Moulu très finement, il parfume de manière inattendue et agréable gâteaux, biscuits ou quatre-quarts.

Le poivre noir

C'est la graine immature et séchée du poivrier. Il donne une puissance très savoureuse aux ganaches et aux glaces, à très faible dose bien sûr.

Le « poivre » du Sichuan

Ses notes uniques et moins brûlantes que le poivre noir donnent aux sauces, aux truffes et aux glaces une longueur en bouche unique. À doser très finement : pas plus d'un gramme et demi pour 200 g de chocolat.

Les piments

Utilisez-les plutôt séchés et hachés, quelles que soient leur provenance et leur force. Le piment d'Espelette, fruité et peu brûlant, donne aux fourrages, aux fudges, et aux mendiants une réelle personnalité.

Le safran

Utilisé moulu, en pistil et à faible quantité (1 g pour 120 g de chocolat), il apporte une saveur tout à fait unique. Il donne une personnalité intéressante à la mousse au chocolat blanc et à toutes les recettes préparées avec du chocolat blanc.

La cannelle

Incorporez-la en poudre à raison de 1 à 3 g pour 100 g de chocolat, noir ou au lait de préférence.

Le gingembre

À incorporer frais sous forme d'infusion dans les fourrages et ganaches, ou haché lorsqu'il est confit. Superbe dans les gâteaux, brownies, cookies, mousses et sauces.

LE CHOCOLAT ET LES FRUITS SECS

Les fruits secs, comme les amandes ou les noisettes, sont traditionnellement associés au chocolat pour réaliser le pralin et le gianduja, bases de nombreux fourrages pour bouchées. Mais d'autres fruits peuvent être également utilisés.

La noix de coco

Réduite en poudre, elle est le plus souvent mélangée à du chocolat blanc (à raison de 30 % environ) pour donner une spécialité délicieuse à déguster telle quelle. On peut aussi y rouler les truffes.

Les noix

Parfaites avec le chocolat noir, elles sont indispensables à la préparation du brownie auquel elle donne une saveur pénétrante. Très finement moulues, elles peuvent également agrémenter un chocolat chaud.

Les pistaches

Vertes et savoureuses, elles offrent aux mendiants (voir page 68) une superbe présentation. Vous pouvez les utiliser entières ou grossièrement concassées.

Les noix de pécan

Ce fruit sec au parfum soutenu peut remplacer les noix « classiques », dans le brownie.

Les noix de macadamia

Assez peu parfumée, cette petite noix toute ronde sera plus savoureuse si elle est caramélisée à la poêle avec un peu de sucre. Vous pouvez l'ajouter à de la glace au chocolat (voir page 125).

Les graines de sésame

Finement dorées à la poêle ou au four, les graines de sésame parfument autant qu'elles décorent les gâteaux, bouchées et ganaches. Finement mixées, elles prennent le nom de « tahin » et peuvent venir enrichir les gâteaux au chocolat.

Les graines de pavot

Peu parfumées mais extrêmement décoratives, les graines de pavot peuvent être utilisées pour agrémenter truffes, rochers (voir pages 127 et 74) et bouchées.

Les raisins secs

Faciles à trouver et économiques, les raisins secs parfument les gâteaux surtout s'ils ont macéré dans du rhum.

LE CHOCOLAT ET LES LÉGUMES

Certains légumes apparaissent plus sucrés que d'autres ! En effet, rien de comparable, de ce point de vue, entre une carotte et des épinards. Il suffit de goûter... Il existe donc certains légumes avec lesquels le chocolat se marie assez volontiers... Il suffit d'oser !

Le potimarron

Sa chair tendre et sucrée est délicieuse. Après cuisson et finement mixée, on peut en incorporer dans les ganaches (pas plus de 5/10 %). Les dés de potimarron rôtis au four et légèrement trempés dans un chocolat noir à 70 % sont un vrai délice. À découvrir.

Le fenouil

Sa saveur anisée fait merveille dans des ganaches peu amères. Il suffit de faire infuser le légume dans la crème puis de réaliser la recette. Pour en accentuer le parfum, prenez les petites peluches vertes qui émergent à son sommet.

La châtaigne

Sa chair tendre et parfumée rappelle celle du potimarron. Elle est plus ferme et plus typée peut-être, ce qui la rend plus difficile à marier. La châtaigne blanchie (sans coque ni peau) peut être glacée de chocolat noir ou poêlée et servie avec une sauce au chocolat.

La patate douce

Préparée en frites, la patate douce est un petit délice d'initiés. « Assaisonnez-les » d'un mélange d'épices (cannelle, anis, muscade) et de cacao amer.

Le poivron

Confites dans du miel, les lanières de poivron rouge peuvent être enrobées d'une fine couche de chocolat noir à 70 % de cacao. La saveur de l'ensemble est d'abord troublante puis séduisante. À découvrir.

L'avocat

La saveur de noisette de l'avocat peut être relevée d'une vinaigrette au miel dans laquelle on ajoute une petite touche de cacao amer.

Les tomates

Si vous le pouvez, privilégiez les variétés de couleur jaune, très sucrées. On peut les déguster crues, coupées et saupoudrées au tout dernier moment d'un soupçon de cacao amer. Les petites tomates cerise jaunes, après avoir été légèrement séchées ou confites, peuvent être enrobées d'un chocolat noir.

LES RECETTES INCONTOURNABLES

LE BON MATÉRIEL POUR LES RECETTES AU CHOCOLAT

Si le matériel qu'utilisent les chocolatiers professionnels est impressionnant, ce qui est vraiment nécessaire à la maison se résume finalement à peu de chose. Voici une courte liste des objets vraiment indispensables, libre à vous de l'enrichir au fur et à mesure de vos progrès.

Le thermomètre

Choisissez un modèle allant de 0 à 80 °C, amplement suffisant pour tout le travail du chocolat. Les plus faciles à utiliser ont une sonde métallique et un affichage digital, très facile à lire.

La maryse (ou spatule)

Ce petit ustensile composé d'un manche et d'une tête plate en matière plastique est très utile pour mélanger le chocolat fondu (ou en train de fondre) ou pour vider les saladiers de pâte sans rien perdre. Faites en sorte d'en avoir 2 ou 3, de tailles différentes.

Le saladier

Choisissez-le en métal, car ce matériau conduit très bien la chaleur, ce qui est précieux quand il faut faire fondre le chocolat. Possédez-en plusieurs, petits, moyens et grands.

Le fouet

Choisissez les modèles les plus simples. Il est ici indispensable pour presque tous les mélanges.

Les moules

Qu'ils soient en métal, revêtus d'un anti-adhésif ou fabriqués en matière souple, possédez-en le plus possible. Il faut au moins un moule à charlotte, à manqué, à tarte, à madeleines puis plusieurs autres, de formes et tailles différentes.

Le batteur électrique

Indispensable. Choisissez les modèles les plus simples.

La sorbetière

Les modèles à accumulateurs que l'on place la nuit dans le congélateur donnent de très bons résultats même si souvent, la quantité de glace que l'on peut préparer à la fois ne dépasse pas les 50 cl. On trouve maintenant d'autres modèles, autonomes, que l'on branche sur secteur. Ils sont parfaits mais encore assez chers.

Le mixeur

Très pratique pour réduire les fruits secs en morceaux plus ou moins gros, il est presque indispensable pour réussir les macarons. Choisissez les modèles les plus simples.

Le glaçage au chocolat
intense

Quoi de plus raffiné, de plus appétissant qu'un gâteau superbement glacé au chocolat ? La technique du glaçage est assez simple, malgré les apparences. Le respect de certaines températures pendant l'opération est la clé de la réussite.

100 g de beurre
250 g de chocolat noir à 52 % râpé

Pour 6 à 8 personnes – Préparation : 20 minutes
Matériel indispensable : thermomètre

1

Faites fondre le beurre dans une casserole puis ôtez-la du feu et laissez reposer 10 minutes. Avec une cuillère à soupe, retirez l'écume formée par le beurre fondu. Récupérez « l'huile » de beurre plus couramment appelée « beurre clarifié » en évitant le petit lait qui se trouve, lui, au fond de la casserole.

2

Pendant ce temps, faites fondre le chocolat noir au bain-marie tout juste tiède.

3

Retirez le chocolat fondu du bain-marie, et à l'aide du thermomètre, vérifiez que la température du chocolat, ainsi que celle du beurre, n'excède pas 30 °C. Versez le beurre dans le chocolat fondu et mélangez avec une spatule en plastique.

À savoir :

- La bonne « plage » de température d'utilisation du glaçage est située entre 25 et 30 °C.
- Ne versez pas un glaçage sur un gâteau encore chaud.
- Versez le glaçage sur le gâteau puis penchez-le d'un côté et de l'autre pour le recouvrir. Ne l'étalez pas avec une spatule.
- Récupérez le glaçage en trop qui s'écoule du gâteau dans une assiette et réutilisez-le.
- Ne glacez pas un gâteau dans une pièce dont la température est supérieure à 30 °C.
- Une fois glacé, placez le gâteau dans le réfrigérateur.

Les ganaches au chocolat
intense

Indispensables dans nombre de pâtisseries, gâteaux, rochers et autres bouchées gourmandes, les ganaches sont, en quelque sorte, le B.A. BA du chocolatier. La recette de base est toute simple : seuls le chocolat et la crème sont indispensables. Une fois maîtrisée, cette recette se décline presque à l'infini.

Ganache de base

70 g de chocolat noir à 70 %
30 g de chocolat noir à 52 %
110 g de crème fraîche

Pour 300 g (4 à 6 personnes) – Préparation : 15 minutes

1
Avec un gros couteau, détaillez les chocolats en petits morceaux plus ou moins réguliers. Vous pouvez également les râper grossièrement avec une râpe à légumes, ou utiliser des « pistoles » ou des « drops », sortes de petites gouttes de chocolat, prêtes à l'emploi.

2
Dans une casserole, portez la crème à ébullition puis ôtez-la aussitôt du feu. Ajoutez le chocolat dans la crème et mélangez hors du feu.

3
Quand la masse est homogène et brillante, versez-la dans un bol. Selon les recettes, utilisez-la aussitôt ou laissez-la refroidir et prendre dans le réfrigérateur.

Utilisations : fourrage de gâteau, bouchées.
Variantes : préparez la recette avec du chocolat au lait ou du chocolat blanc.

Ganache au beurre

200 g de chocolat (noir, au lait, blanc, ou mélange)
100 g de crème fraîche
40 g de beurre

Pour 340 g (4 à 6 personnes) – Préparation : 15 minutes

Préparez cette ganache comme la recette précédente, en ajoutant le beurre mou dans la crème, en même temps que le chocolat haché.

Utilisations : bouchées, bonbons. Cette ganache, versée encore chaude dans un récipient, peut, après une nuit passée dans le réfrigérateur, être découpée en différentes formes.

Ganaches aromatisées

200 g de chocolat (noir, au lait, blanc, ou mélange)
110 g de crème fraîche

Pour 300 g (4 à 6 personnes) – Préparation : 25 minutes

Préparez la recette de base mais parfumez la crème en y faisant infuser café, épices, herbes, thés, infusions ou aromates de votre choix pendant 10 minutes.

Utilisations : truffes, biscuits, macarons.

Ganaches foisonnées

200 g de chocolat (noir, au lait, blanc, ou mélange)
120 g de crème fraîche

Pour 300 g (4 à 6 personnes) – Préparation : 25 minutes

Préparez la recette de base puis, sans la laisser refroidir, battez-la à grande vitesse pendant 10 minutes avec un appareil électrique. La ganache devient alors mousseuse et légère.

Utilisations : biscuits, macarons, truffes.

La mousse au chocolat noir
intense

Il existe tant de recettes de mousse au chocolat… En voici une parmi d'autres qui a, entre autres avantages, le mérite d'être facile à réaliser. Très riche en cacao, elle n'est pas très sucrée et plaît généralement plus aux adultes qu'aux enfants.

30 g de beurre
230 g de chocolat noir à 52 % râpé
70 g de chocolat à 70 % ou plus, d'un cru d'Amérique centrale si possible
10 cl de crème liquide
5 blancs d'œufs
50 g de sucre glace
2 jaunes d'œufs
2 cuil. à soupe de cacao amer

Pour 4 à 6 personnes - Préparation : 35 minutes - Repos : 4 heures
Matériel indispensable : fouet électrique

1
Faites fondre le beurre et les chocolats sur un bain-marie tiède. Mélangez bien avec une cuillère en bois. Ne faites surtout pas chauffer le chocolat inutilement ; vérifiez bien votre bain-marie qui doit être juste tiède.

2
Faites bouillir la crème dans une casserole et ajoutez-la au chocolat. Mélangez. Battez les blancs d'œufs en neige ferme puis ajoutez peu à peu le sucre glace.

3
Ajoutez les jaunes au mélange chocolat-crème puis incorporez délicatement les blancs en neige sans mélanger trop longtemps pour ne pas faire retomber la masse.

4
Laissez prendre au moins 4 heures au réfrigérateur. Saupoudrez la mousse de cacao amer et servez à la cuillère.

La crème pâtissière au chocolat
medium

Une crème très classique à manger seule, encore tiède, ou pour garnir choux et éclairs.

75 cl de lait demi écrémé
40 g de cacao amer
150 g de sucre en poudre
6 jaunes d'œufs
50 g de farine
25 g de maïzena
40 g de beurre + 1 noix de beurre pour le refroidissement

Pour 6 à 8 personnes – Préparation : 20 minutes

1

Dans une casserole, faites monter le lait et le cacao sans cesser de fouetter. Dans un saladier, fouettez le sucre et les jaunes d'œufs puis ajoutez la farine et la maïzena. Mélangez.

2

Versez le lait au cacao sur la préparation à base de jaunes d'œufs, mélangez intimement et versez le tout dans une casserole. Faites chauffer à feu moyen sans cesser de fouetter. Dès que la crème pâtissière est en ébullition, comptez 5 à 10 secondes de cuisson puis ôtez la casserole du feu. Ajoutez le beurre et mélangez.

3

Versez la crème pâtissière au chocolat dans un plat, passez un morceau de beurre sur la surface de la crème pour l'empêcher de croûter et laissez refroidir.

À savoir

Pour que la crème pâtissière garde bien son épaisseur, ne la laissez pas bouillir trop longtemps. Pour une recette moins amère et plus sucrée, remplacez le cacao amer par du chocolat noir à 52 %.

La crème au beurre au chocolat
medium

Indispensable dans la délicieuse bûche de Noël, elle parfume aussi très agréablement la génoise et les macarons.

5 jaunes d'œufs
150 g de sucre en poudre
3 cl d'eau
180 g de beurre en pommade
60 g de chocolat noir à 52 % râpé

Pour 6 à 8 personnes – Préparation : 20 minutes – Matériel indispensable : fouet électrique, thermomètre à sucre

1

Dans un saladier de taille moyenne, battez les jaunes d'œufs à vitesse maximale pendant 7 à 8 minutes. Pendant ce temps, assemblez le sucre et l'eau dans une casserole. Portez à ébullition jusqu'à l'obtention d'un sirop.

2

Quand celui-ci atteint la température de 120 °C, versez-le sur les jaunes d'œufs, sans cesser de fouetter à petite vitesse. Recommencez à battre à grande vitesse jusqu'à refroidissement. Comptez 7 à 8 minutes au minimum.

3

Battez le beurre en pommade avec le fouet électrique et ajoutez les jaunes d'œufs battus au sirop progressivement, comme pour une mayonnaise. Incorporez enfin le chocolat noir fondu.

Les décors en chocolat
intense

Les décors en chocolat sont d'une grande diversité : copeaux, cigarettes, formes découpées, feuilles, cœurs et tant d'autres encore qui apportent une touche de raffinement vraiment unique.

200 g de chocolat noir à 52 % au lait ou blanc

Matériel indispensable : thermomètre, papier sulfurisé, spatule, palette, feuille Rhodoïd, feuilles de houx

Tempérage du chocolat

Dans un saladier, râpez finement le chocolat et faites-le fondre sur un bain-marie tempéré à 35 °C maximum. Quand le chocolat est fondu, vérifiez sa température : elle ne doit pas dépasser 32-33 °C. Maintenez-le à cette température pendant 10 minutes en remuant de temps à autre puis ôtez-le du bain-marie. Commencez à réaliser vos décors quand le chocolat est à 29-32 °C.

Les copeaux

Avant de commencer les copeaux, mettez le chocolat 15 minutes au réfrigérateur. Il suffit de râper du chocolat en tablette sans avoir besoin de le faire fondre. Selon les râpes, faites des copeaux très fins ou assez gros.

Les cigarettes

Versez le chocolat tempéré sur le plan de travail (idéalement en marbre) et étalez-le finement. Avant qu'il ne soit complètement solidifié, formez des cigarettes avec une palette en métal.

Les formes découpées

Versez le chocolat tempéré sur une feuille de papier sulfurisé puis étalez-le finement et régulièrement. Laissez refroidir complètement. Si la pièce est trop chaude, faites refroidir dans le réfrigérateur. Déposez ensuite la plaque de chocolat ainsi formée sur une deuxième feuille de papier sulfurisé et décollez la première. Découpez au couteau les formes de votre choix : ronds, carrés, triangles, de plus ou moins grande taille.

Les feuilles

Pour les feuilles lisses (du laurier, par exemple), posez-les sans les immerger sur le chocolat et retirez-les. Laissez refroidir 15 minutes puis, délicatement, décollez le chocolat. Pour les feuilles ondulées, enduisez-les au pinceau de chocolat fondu (sur une seule face, bien sûr) puis laissez refroidir. Décollez ensuite la feuille en chocolat.

Les cœurs

Découpez des bandes de feuilles de Rhodoïd (ou de papier sulfurisé) aux dimensions de votre choix. Posez-les côte à côte et légèrement espacées sur le plan de travail. Versez et étalez le chocolat par-dessus. Laissez refroidir (pas trop longtemps, le chocolat serait cassant) puis soulevez les bandes, les unes après les autres. Donnez leur une forme de cœur en rabattant l'une sur l'autre les deux extrémités puis éliminez le papier (le but est de donner une forme de « cœur » aux bandes de Rhodoïd, les « cœurs » gardant leur forme grâce au chocolat lui-même qui, en refroidissant, se fige).

Le fudge au chocolat
medium

Assez peu connu en France, le fudge est une confiserie très populaire en Angleterre et aux États-Unis.

1 gousse de vanille
25 cl de crème liquide
250 g de sucre en poudre
60 g de miel
100 g de chocolat noir à 70 %
35 g de beurre
50 g d'amandes concassées
50 g de noisettes concassées

Pour 6 personnes – Préparation : 25 minutes
Matériel indispensable : fouet électrique, thermomètre à sucre

1

À l'aide d'un petit couteau, ouvrez la gousse de vanille dans le sens de la longueur. Grattez l'intérieur pour récupérer les petites graines noires. Dans une casserole, assemblez la crème liquide, le sucre en poudre, le miel, les graines de vanille et la gousse, le chocolat râpé et le beurre.

2

Portez le mélange à ébullition et laissez chauffer sur feu moyen. Remuez très fréquemment avec une cuillère en bois. À l'aide d'un thermomètre, vérifiez la température et, lorsque le mélange atteint 110-112 °C, ajoutez les amandes et les noisettes.

3

Faites bouillir à nouveau, puis ôtez la casserole du feu. Versez le mélange brûlant dans un saladier (surtout pas en matière plastique) et laissez-le refroidir en mélangeant sans cesse. Éliminez la gousse de vanille. Quand le fudge devient épais, versez-le dans un moule et laissez-le durcir. Découpez-le ensuite en carrés.

Les mendiants au chocolat intense

Ces délicieuses bouchées, très faciles à faire, sont parfaites à l'heure du café.

250 g de chocolat noir, au lait ou blanc
100 g de fruits secs mélangés (sésame, noisettes, noix, noix de pécan, zestes confits, gingembre confit, raisins secs, abricots secs, figues sèches)

Pour 20 mendiants environ – Préparation : 25 minutes
Matériel indispensable : thermomètre

1
Tempérez le chocolat comme indiqué à la page 64.

2
Hachez les fruits secs de votre choix, plus ou moins finement, selon votre goût. Posez deux grandes feuilles de papier sulfurisé sur le plan de travail.

3
À l'aide d'une cuillère à soupe, formez 20 à 25 disques de chocolat, assez fins (environ 3 à 4 mm d'épaisseur). Au fur et à mesure que vous les réalisez, parsemez-les de mélange de fruits secs hachés.

4
Laissez les mendiants prendre dans le réfrigérateur puis décollez-les du papier sulfurisé. Conservez-les au frais 4 à 5 jours, dans une boîte hermétiquement fermée.

Variantes

Pour jouer sur les contrastes, faites des mendiants 100 % zestes confits et d'autres 100 % fruits secs. Si vous aimez les saveurs « pointues », pensez également à assaisonner vos mendiants encore mous, avec un soupçon de poivre de Sichuan, de piment, de quatre-épices, etc. Vous pouvez aussi réaliser des mendiants bicolores en les formant avec des chocolats noirs et blancs.

Les orangettes confites au chocolat
medium

Les zestes d'orange confits et le chocolat noir font partie de ces grandes associations qui fonctionnent naturellement très bien, un peu comme celle du rhum et des raisins par exemple. Proposez ces orangettes en fin de repas avec un armagnac bien ambré.

6 belles oranges
1,5 l d'eau froide
4 kg de sucre en poudre
500 g de chocolat noir à 52 % râpé

Pour 600 g d'orangettes environ - Préparation : 1 heure – Cuisson : 1 heure - Macération : 6 jours
Séchage : 1 jour - Matériel indispensable : thermomètre

Prélevez les zestes
À l'aide d'un couteau bien coupant, épluchez la peau des oranges en évitant d'ôter la pulpe. Rincez les peaux abondamment puis égouttez-les. Plongez-les dans une grande casserole d'eau froide, puis faites-les bouillir pendant 5 minutes avant de les égoutter. Répétez deux fois cette opération.

Faites confire les zestes
Assemblez l'eau froide et le sucre en poudre dans une cocotte. Portez à ébullition tout en continuant à remuer. Ajoutez les zestes ébouillantés. Laissez cuire ensuite à feu très doux pendant 1 heure. Écumez à l'aide d'une petite écumoire. Laissez refroidir complètement. Faites macérer les zestes au réfrigérateur dans leur sirop pendant 6 jours.

Préparez les zestes
Égouttez les zestes dans une passoire. Coupez-les en bâtonnets ayant la section d'un crayon. Étalez ces zestes sur une grille puis laissez-les sécher dans la cuisine pendant 24 heures.

Enrobez les zestes
Tempérez le chocolat comme indiqué à la page 64. Plongez ensuite les zestes un par un à mi-hauteur dans le chocolat puis posez-les sur du papier sulfurisé. Laissez-les refroidir un moment avant de les servir.

Trucs de fabrication
- Pour obtenir des zestes tendres et bien confits, le temps de macération dans le sirop est fondamental. Ne l'écourtez pas.
- Une fois confits, les zestes peuvent se conserver plusieurs mois. Vous pouvez donc en avoir d'avance dans le réfrigérateur pour ne les enrober de chocolat qu'au dernier moment.
- Si le sirop cristallise, ajoutez un peu d'eau, faites bouillir à nouveau et laissez refroidir.

Le sabayon au chocolat noir et armagnac
subtil

Ce dessert, raffiné et léger, se sert dans des coupes ou des verres, à bords fins de préférence. Ne tardez pas quand la recette est finie, car le sabayon perd vite sa saveur en refroidissant.

6 jaunes d'œufs
50 g de sucre glace
4 cuil. à soupe d'armagnac
1 noix de beurre mou
1 cuil. à soupe de cacao amer
2 cuil. à soupe de copeaux de chocolat (voir page 64)

Pour 4 personnes - Préparation : 35 minutes - Cuisson : 15 minutes
Matériel indispensable : fouet électrique

1

Dans un saladier, assemblez les jaunes d'œufs, le sucre glace et l'alcool. Placez le saladier sur un bain-marie assez chaud, et battez le mélange avec un fouet électrique pendant 15 minutes environ. Lorsque la masse est bien aérée et épaisse, ajoutez le beurre. Sortez le bol du bain-marie et fouettez encore 12 minutes, hors du feu.

2

Répartissez le sabayon dans quatre coupes et saupoudrez de cacao amer, à l'aide d'une petite passoire et parsemez de copeaux de chocolat.

Les rochers au chocolat intense

Les rochers sont assez proches des truffes, avec toutefois deux différences. Tout d'abord ils sont plus gros et ensuite ils sont enrobés de chocolat et non de cacao en poudre. On les parfume souvent avec des fruits secs, amandes ou noisettes.

100 g de noisettes pelées
350 g de chocolat noir à 52 %
100 g de crème fraîche épaisse
20 g de beurre en pommade
300 g de chocolat à 70 %, d'un cru jamaïcain si possible

Pour 10 à 12 rochers - Préparation : 40 minutes - Repos : 2 x 2 heures + 1 heure
Matériel indispensable : thermomètre, grille

1

Concassez grossièrement les noisettes et faites-les griller quelques minutes à la poêle. Laissez-les refroidir dans une assiette. Râpez les deux chocolats sans les mélanger. Faites fondre le chocolat à 52 % au bain-marie sans que sa température ne dépasse 33 °C.

2

Dans une casserole, portez la crème à ébullition puis ôtez-la du feu. Versez-la dans le chocolat fondu, ajoutez le beurre et mélangez jusqu'à l'obtention d'une belle masse brillante. Ajoutez les noisettes.

3

Versez la ganache obtenue dans un plat chemisé de papier sulfurisé, couvrez d'un film alimentaire et laissez prendre au réfrigérateur pendant 2 heures environ. Vous pouvez aussi former les rochers en versant l'appareil dans des moules souples de 5 x 2,5 cm. Placez au réfrigérateur, démoulez puis passez à l'étape 5.

4

Quand la ganache est malléable, formez 10 à 12 rochers et mettez-les au réfrigérateur pendant 2 heures. Pendant ce temps, tempérez le chocolat à 70 % selon les explications de la page 64.

5

Plongez les rochers dans le chocolat tempéré à l'aide d'une fourchette et laissez-les s'égoutter sur une grille. Laissez-les au frais au moins 1 heure avant de les déguster.

Variante

Vous pouvez enrober les rochers avec du chocolat au lait et parsemer leur surface de fruits secs tant que le chocolat est encore mou.

La pâte à tartiner
medium

Délicieuse au goûter, cette pâte à tartiner fait le bonheur des petits… et des grands. Vous pourrez la déguster sur du pain mais aussi l'utiliser pour garnir un gâteau roulé.

100 g de pralin en poudre
205 g de crème liquide
20 g de beurre
150 g de chocolat au lait râpé
100 g de chocolat noir à 52 % râpé

Pour 2 pots de 300 g environ - Préparation : 20 minutes - Repos : 2 heures
Matériel indispensable : mixeur

1
Dans une casserole, assemblez le pralin, la crème et le beurre. Portez à ébullition puis ôtez la casserole du feu. Ajoutez les chocolats et mélangez jusqu'à complète dissolution.

2
Placez cette préparation dans le bol du mixeur et travaillez-la 1 minute à vitesse maximale.

3
Versez la pâte obtenue dans des pots et conservez-la une semaine au réfrigérateur.

Les gaufres au chocolat

subtil

On peut préparer des gaufres légèrement parfumées à la vanille et les accompagner d'une garniture au chocolat, ou aromatiser directement la pâte avec du chocolat ou du cacao.

100 g de beurre
1 gousse de vanille
75 g de sucre
2 œufs
300 g de farine
1 cuil. à café de levure chimique
50 cl de lait

Pour 8 gaufres environ - Préparation : 15 minutes - Repos : 15 minutes - Cuisson : 20 minutes
Matériel indispensable : gaufrier

1

Faites fondre le beurre à feu très doux et laissez-le refroidir. Coupez la gousse de vanille en deux dans le sens de la longueur et récupérez les petites graines noires qu'elle contient avec la pointe d'un couteau.

2

Dans un saladier, fouettez le sucre et les œufs. Ajoutez la farine et la levure chimique. Incorporez peu à peu le lait, afin d'obtenir une pâte relativement liquide. Enfin, ajoutez le beurre et les graines de vanille.

3

Faites cuire les gaufres dans un gaufrier, puis servez-les encore chaudes (idéalement) avec l'une des sauces de la page 120, la pâte à tartiner de la page 76, l'une des ganaches de la page 57 ou encore une crème chantilly mélangée avec un peu de cacao amer.

Variante

Faites la pâte comme indiquée ci-contre et ajoutez 35 g de cacao en poudre préalablement tamisé.

Le gâteau roulé au chocolat

medium

Pour bien réussir ce grand classique, ne faites pas trop cuire le biscuit car il peut sécher et devenir très difficile à rouler. Ici, il est accompagné d'une ganache foisonnée, mais vous pouvez aussi utiliser une crème au beurre, une crème chantilly ou une ganache au café.

Le biscuit roulé

4 œufs
150 g de sucre en poudre
90 g de farine
1 cuil. à soupe de cacao en poudre
30 g de beurre
4 cl de lait
1 pincée de sel
1 cuil. à soupe de sucre glace

Pour 6 à 8 personnes - Préparation : 45 minutes - Repos : 2 heures - Cuisson : 12 minutes
Matériel indispensable : plaque de cuisson, fouet électrique

Le biscuit roulé

Séparez les blancs des jaunes. Dans un saladier, battez les jaunes d'œufs et le sucre en poudre, avec un batteur électrique, jusqu'à ce que le mélange blanchisse. Ajoutez la farine et le cacao que vous aurez préalablement mélangés et tamisés ensemble à l'aide d'une passoire fine. Incorporez enfin le beurre et le lait. Préchauffez le four à 180 °C (th. 6). Dans un saladier, montez les blancs en neige bien ferme avec, dans un premier temps, la pincée de sel, puis le sucre glace. Incorporez-les délicatement au mélange précédent puis étalez la pâte obtenue de façon homogène sur une plaque de cuisson chemisée de papier sulfurisé. Enfournez pour environ 12 minutes de cuisson. À la sortie du four, laissez refroidir le biscuit pendant quelques minutes.

Le fourrage

Préparez la recette de la ganache foisonnée, nature ou aromatisée, selon les indications de la page 57.

La finition et le décor

Confectionnez des copeaux ou des cigarettes en chocolat en suivant la recette de la page 64. Décollez la feuille de papier sulfurisé du biscuit. Étalez la ganache (mettez-en 2 cuillères à soupe de côté pour la décoration) sur toute la surface du biscuit puis roulez-le délicatement en serrant légèrement. Une fois roulé, tartinez une très faible épaisseur de ganache sur la surface du gâteau et parsemez-le de copeaux ou de cigarettes en chocolat. Laissez reposer le biscuit pendant 2 heures au réfrigérateur avant de le servir.

La forêt-noire au chocolat

medium

Si vous faites une forêt-noire pour les enfants, éliminez l'alcool du sirop. Dégustez ce succulent gâteau dans les deux heures qui suivent sa fabrication car la crème chantilly n'est pas très stable et détrempe très rapidement le biscuit.

1 génoise au chocolat (recette page 86)
120 g de sucre
10 cl d'eau
2 cl de kirsch
30 cl de crème liquide très froide
2 cuil. à soupe de sucre glace
1 gousse de vanille
80 g de belles cerises dénoyautées
10 bigarreaux confits
copeaux de chocolat au lait pour le décor (voir page 64)

Pour 6 à 8 personnes - Préparation : 45 minutes - Repos : 2 heures - Cuisson : 25 minutes
Matériel indispensable : fouet électrique, grille circulaire

1

Préparez la génoise au chocolat comme indiqué dans la recette page 86. Préparez un sirop en faisant bouillir le sucre avec 10 cl d'eau puis laissez refroidir. Ajoutez le kirsch. Quand la génoise est bien froide, découpez-la dans l'épaisseur en 3 disques réguliers à l'aide d'un long couteau à dents.

2

Dans un saladier, à l'aide d'un fouet électrique, battez la crème froide en chantilly très ferme en y incorporant le sucre glace et le contenu de la gousse de vanille (ouvrez-la dans la longueur, et récupérez les graines noires avec un petit couteau).

3

Posez un premier disque de génoise sur une grille circulaire. Imbibez-le légèrement de sirop. Tartinez de crème chantilly et parsemez de cerises fraîches. Posez un second disque de génoise et répétez l'opération.

4

Posez enfin le dernier disque de génoise et recouvrez-le de crème. Lissez bien la surface avec une spatule puis décorez avec les bigarreaux confits et des copeaux de chocolat au lait (voir page 64).

La charlotte au chocolat
intense

Le dessert favori des « vrais » mordus de chocolat. Il en existe de multiples recettes. Celle-ci se caractérise par le côté extrêmement fondant et capiteux de la mousse.

Pour le moule
16 à 20 biscuits à la cuillère

Pour l'appareil à charlotte
200 g de chocolat noir à 52 % râpé
100 g de chocolat noir à 70 %,
d'un cru brésilien ou colombien si possible
4 œufs
1 cuil. à soupe de sucre glace
40 cl de crème liquide très froide

Pour 6 à 8 personnes - Préparation : 1 heure - Repos : 1 nuit - Matériel indispensable : fouet électrique, thermomètre, moule à charlotte de 18,5 cm de diamètre et 9 cm de profondeur

1

Disposez les biscuits à la cuillère à l'intérieur d'un moule à charlotte. Réservez.

2

Faites fondre les chocolats au bain-marie sans laisser leur température excéder les 33 °C si possible. Réservez. Séparez les blancs des jaunes. Dans un second bain-marie plus chaud, battez pendant 3 minutes 4 jaunes d'œufs et la moitié du sucre glace à grande vitesse à l'aide du fouet électrique.
Puis, hors du bain-marie, battre à nouveau 5 minutes afin d'obtenir une masse pâle, aérée et juste tiède. Réservez.

3

Dans un premier saladier, battez 25 cl de crème liquide en chantilly bien ferme. Dans un second récipient, battez les 4 blancs d'œufs en neige avec le reste du sucre glace.

4

Dans une casserole, faites bouillir les 15 cl de crème restante et ajoutez-la au chocolat fondu. Remuez bien. Quand la masse a épaissi légèrement, ajoutez les jaunes, les blancs et la crème liquide fouettée. Mélangez bien et remplissez l'intérieur du moule. Laissez une nuit au réfrigérateur avant de démouler.

Accompagnement
Servez la charlotte avec l'une des sauces au chocolat de la page 120.

La génoise au chocolat

medium

La génoise est à la base de très nombreux gâteaux au chocolat. Elle est aussi délicieuse, tout simplement accompagnée d'une sauce, d'une ganache ou d'un peu de crème chantilly.

125 g de farine
30 g de cacao en poudre
6 œufs entiers
150 g de sucre
30 g de beurre fondu

Pour 6 personnes - Préparation : 20 minutes - Cuisson : 25 à 30 minutes
Matériel indispensable : fouet électrique, moule rond à génoise de 25 cm de diamètre

1

Préchauffez le four à 180 °C (th. 6). Mélangez et tamisez la farine et le cacao. Dans un saladier, assemblez les œufs et le sucre. À l'aide du fouet électrique, battez-les 5 minutes sur un bain-marie frémissant afin d'obtenir une mousse pâle et légère. Battez encore 5 minutes, hors du bain-marie et toujours à grande vitesse afin d'accélérer le refroidissement. Quand vous le mélangez, cet appareil doit former un « ruban ».

2

Ajoutez ensuite la farine, le cacao et le beurre fondu. Mélangez très délicatement, et le moins possible afin de ne pas faire retomber les blancs d'œufs et d'avoir une pâte légère.

3

Versez délicatement la pâte dans un moule à génoise, préalablement beurré et fariné. Enfournez à 180 °C (th. 6) et laissez cuire pendant 30 minutes. Démoulez la génoise encore chaude sur une grille. Laissez refroidir pendant 25 à 30 minutes avant de la déguster ou de l'utiliser comme base pour un autre dessert.

À savoir

Pour cette recette, préférez les œufs bio extra-frais, qui, à fraîcheur égale, gonflent mieux que les œufs « industriels » lorsqu'on les foisonne.

Le gâteau au chocolat
intense

120 g beurre
200 g de chocolat noir à 52 ou 64 %,
d'un cru de Madagascar si possible
150 g de sucre en poudre
4 œufs
80 g farine

Pour 6 personnes - Préparation : 25 minutes - Cuisson : 20 à 22 minutes
Matériel indispensable : moule rond à génoise de 20-25 cm de diamètre ou carré de 15 cm de côté

1

Préchauffez le four à 180 °C (th.6). Faites fondre le beurre avec le chocolat coupé en morceaux, au four à micro-ondes ou sur un bain-marie tiède. Ici, la température qu'atteint le chocolat fondu n'a pas beaucoup d'importance. Cependant, ne le laissez pas chauffer inutilement.

2

Dans un saladier, mélangez le sucre avec les œufs puis ajoutez la farine.

3

Incorporez à cette préparation le mélange chocolat-beurre. Mélangez bien afin d'obtenir une pâte homogène.

4

Beurrez puis farinez légèrement le moule et versez-y la pâte précédemment obtenue. Faites cuire 30 minutes à 180 °C (th. 6). Sortez le gâteau du four, laissez refroidir 10 minutes, puis démoulez délicatement. À déguster tiède, de préférence.

Le fondant au chocolat noir intense

Le secret de la réussite d'un fondant au chocolat avec un cœur bien moelleux ? La cuisson ! Lorsque le gâteau est au four dans son moule, la chaleur le pénètre graduellement, de plus en plus profondément, de la périphérie vers le cœur. Dans le cas du fondant, on doit cuire l'extérieur du gâteau mais laisser l'intérieur presque cru. Pour y parvenir, il faut que la différence de température entre la pâte et le four soit assez forte, généralement supérieure à 150 °C. C'est ce que l'on appelle un « gradient » de température. Dans le cas du fondant, ce « gradient » doit être élevé. Si, par exemple, la pâte est à 30 °C, il faut cuire à 180 °C. Il faut avoir au moins 150 °C de différence... Si cette différence n'est pas assez forte (pâte à 35 °C, four à 120 °C, par exemple), la chaleur pénètre de manière plus uniforme, le cœur du fondant cuit comme la périphérie, se solidifie et ne coule plus... Vous obtenez alors un gâteau au chocolat et non plus un « fondant » !

200 g de chocolat noir à 52 %,
d'un cru asiatique, de Ceylan ou de Java si possible
100 g de beurre
4 œufs
150 g de sucre roux
50 g de farine
1 pincée de sel

Pour 6 personnes - Préparation : 35 minutes - Cuisson : 10 à 12 minutes
Matériel indispensable : 8 moules (diamètre 8 cm, profondeur 3,5 cm)

1

Préchauffez le four à 180 °C (th. 6). Faites fondre des carrés de chocolat au bain-marie ou au micro-ondes avec le beurre (puissance 160 watts pendant 3 minutes).

2

Dans un saladier, battez les œufs et le sucre à l'aide d'un fouet. Ajoutez la farine d'une traite, le sel, puis le chocolat fondu mélangé au beurre. Mélangez bien.

3

Versez la pâte dans des petits moules beurrés, farinés et enfournez pour 10 à 12 minutes de cuisson environ. Ce temps peut varier de 2 à 3 minutes, selon le type de four. À la sortie du four, patientez 5 minutes avant de démouler les fondants. Posez-les sur des assiettes et laissez vos invités découvrir la merveilleuse sauce qu'ils contiennent !

Gâteau marbré au chocolat
subtil

Un autre gâteau que l'on fait toujours pour les enfants mais que, finalement, les grands mangent volontiers...

200 g de sucre en poudre
4 œufs
350 g de farine + 1 cuil. à soupe pour le moule
200 g de beurre + 2 noisettes pour le moule
80 g d'amandes en poudre
120 g de crème liquide
1 sachet de levure chimique
3 cuil. à soupe de cacao en poudre
2 sachets de sucre vanillé

Pour 6 personnes - Préparation : 35 minutes - Cuisson : 45 à 50 minutes
Matériel indispensable : 1 moule rectangulaire

La préparation du moule

Placez le moule pendant une bonne demi-heure dans le réfrigérateur. Ramollissez 2 noisettes de beurre avec les doigts et étalez-les sur les parois du moule. Chemisez-le ensuite avec 1 cuillerée de farine.

La fabrication de la pâte

Mélangez le sucre avec les œufs. Ajoutez ensuite la farine, le beurre, les amandes, la crème et le sachet de levure chimique. Fouettez bien afin d'obtenir une pâte sans grumeaux.

L'aromatisation des deux pâtes

Séparez la pâte dans deux saladiers. Dans l'un, ajoutez le cacao en poudre et mélangez bien. Dans l'autre, incorporez le sucre vanillé. Mélangez à nouveau.

Le moulage et la cuisson

Préchauffez le four à 160 °C (th. 5). Répartissez la pâte jaune dans le moule. Égalisez-la bien puis, sans toucher les parois du moule, versez la pâte marron sur la pâte jaune. Avec une fourchette, mélangez à peine les 2 pâtes, toujours dans le moule. Faites cuire 45 à 50 minutes à 170 °C (th. 5-6). Piquez le gâteau à l'aide d'un couteau pour en vérifier la cuisson. Démoulez-le une fois légèrement refroidi.

Le chocolat viennois
intense

120 g de chocolat à 64 %,
d'un cru d'Équateur si possible
50 cl de lait demi-écrémé
30 g de cacao amer + pour le service
45 g de sucre en poudre
15 cl de crème liquide très froide

Pour 4 personnes - Préparation : 15 minutes
Matériel indispensable : mixeur à potage ou mixeur classique

1
Râpez le chocolat. Dans une casserole, faites monter le lait avec le cacao et le sucre.

2
Hors du feu, ajoutez le chocolat râpé et mixez la préparation à grande vitesse pendant au moins 2 minutes. Battez la crème liquide en chantilly bien ferme.

3
Quand le chocolat chaud est bien mousseux, servez-le aussitôt dans quatre grandes tasses. Déposez sur le chocolat 2 belles cuillerées à soupe de crème battue. Saupoudrez d'un soupçon de cacao amer.

Variantes

- Ajoutez les petites graines noires d'une gousse de vanille dans la crème battue.
- Pour un chocolat viennois encore plus onctueux, remplacez 15 cl de lait par de la crème fraîche.

Quatre-quarts au cacao subtil

250 g de beurre
5 œufs
250 g de sucre en poudre
250 g de farine
1 sachet de levure chimique
40 g de cacao amer

Pour 6 à 8 personnes - Préparation : 15 minutes - Cuisson : 35 à 40 minutes
Matériel indispensable : moule à génoise rond de 26 cm de diamètre

1

Dans une casserole, faites fondre le beurre sans le laisser bouillir. Cassez les œufs dans un saladier et battez-les 1 minute avec le sucre. Mélangez et tamisez la farine, la levure et le cacao.

2

Préchauffez le four à 160 °C (th. 5). Ajoutez la farine et le cacao à l'appareil œufs-sucre. Mélangez, puis incorporez le beurre fondu et remuez à nouveau.

3

Beurrez et farinez le moule. Versez-y la pâte et enfournez pour 35 à 40 minutes de cuisson. Démoulez délicatement le gâteau encore chaud, laissez-le refroidir sur une grille et dégustez-le tiède de préférence.

Sablés au chocolat au beurre demi-sel
subtil

À la fois fondants et friables, ces sablés se dégustent tels quels dans la journée suivant leur cuisson. Leur pâte peut aussi servir de fond à une superbe tarte aux figues rôties, aux poires, aux prunes, etc.

4 cuil. à soupe de cacao en poudre
300 g de farine
1/2 cuil. à café de levure chimique
170 g de sucre glace
100 g de beurre doux en pommade
70 g de beurre demi-sel en pommade
50 g d'amandes en poudre
1 œuf

Pour 20 sablés environ - Préparation : 30 minutes - Cuisson : 25 minutes
Matériel indispensable : passoire fine, plaque de cuisson

La pâte

Mélangez et tamisez le cacao, la farine et la levure. Placez ces ingrédients dans un saladier puis ajoutez le sucre, les beurres en pommade ainsi que les amandes. Mélangez la pâte avec les doigts, ou avec un mixeur, afin que tous les ingrédients soient intimement mêlés. La pâte doit être farineuse et ressembler un peu à celle d'un crumble. Beurrez une plaque à pâtisserie.

Le moulage

Prélevez un quart de la pâte et réservez-la. Dans les trois-quarts restants, ajoutez l'œuf, puis mélangez jusqu'à l'obtention d'une boule bien compacte. Répartissez-la sur la plaque à pâtisserie beurrée en l'aplatissant avec le plat de la main. L'épaisseur idéale est de 1,5 à 2 cm environ, au minimum. Recouvrez avec le quart restant et appuyez bien avec la paume de la main pour la faire adhérer.

La cuisson

Avec un couteau, découpez la pâte crue en rectangles ou en carrés de tailles et dimensions de votre choix. Faites cuire à 160 °C (th. 5) pendant 20 minutes environ. Laissez refroidir un peu puis décollez les sablés un à un et présentez-les sur une assiette ou un plat.

À savoir

- Tassez bien la première couche de pâte mais contentez-vous de faire adhérer la seconde : c'est bien la différence de texture entre les deux couches qui fait tout l'intérêt de ces délicieux sablés au cacao.
- Au lieu de couper la pâte crue dans un grand moule, remplissez des petits moules individuels aux tailles et formes de votre choix.

Macarons au chocolat
medium

Natures ou fourrés d'une belle ganache, ces macarons sont irrésistibles et inratables.

125 g de poudre d'amandes
200 g de sucre glace
20 g de cacao amer
105 g de blancs d'œufs (3)
50 g de sucre en poudre

Pour 20 macarons environ - Préparation : 20 minutes - Cuisson : 12 à 15 minutes
Matériel indispensable : mixeur, fouet électrique, plaque de cuisson, papier sulfurisé, poche à pâtisserie

1
Assemblez la poudre d'amandes, le sucre glace et le cacao amer dans le bol du mixeur bien sec et travaillez-les à grande vitesse pendant 1 minute. Préchauffez le four à 165 °C (th. 5-6). Tapissez une plaque à pâtisserie de papier sulfurisé.

2
Fouettez les blancs en neige ferme puis ajoutez le sucre en poudre. Battez-les encore 1 minute. Ajoutez l'appareil d'amandes en poudre, de sucre et de cacao. Mélangez sans trop de ménagement. Les blancs doivent en partie retomber et la pâte former un « ruban ».

3
Placez la pâte dans la poche sans mettre de douille et formez une vingtaine de macarons en les espaçant légèrement. Faites cuire 12 à 15 minutes. Laissez refroidir puis décollez délicatement les macarons.

À savoir
Pour que les macarons aient bien un « chapeau » lisse, presque glacé, il ne faut pas que la pâte soit trop légère, c'est pourquoi il faut « casser » les blancs d'œufs battus en neige quand vous incorporez les amandes, le sucre glace et le cacao.

Le brownie au chocolat
intense

Le brownie au chocolat ne se démoule pas... Pensez donc à choisir un joli moule de cuisson à poser sur la table.

200 g de chocolat noir à 52 % ou 70 %,
d'un cru de République Dominicaine si possible
120 g de [illegible]
3 œufs
130 g de beurre
50 g de farine
20 g de poudre d'amandes
2 pincées de cannelle
120 g de cerneaux de noix grossièrement hachés

Pour 4 à 6 personnes environ - Préparation : 20 minutes - Cuisson : 20 à 25 minutes - Repos : 2 heures
Matériel indispensable : moule carré (idéalement) de 15 cm de côté

1

Préchauffez le four à 180 °C (th. 6). Faites fondre le chocolat noir en morceaux au bain-marie sans trop le faire chauffer même si, pour cette recette, le contrôle de la température n'est pas nécessaire.

2

Dans un saladier, mélangez le sucre avec les œufs. Incorporez ensuite le beurre ramolli, la farine, la poudre d'amandes, la cannelle, le chocolat fondu puis les cerneaux de noix.

3

Versez la pâte dans le moule. Enfournez à 180 °C (th. 6) et laissez cuire pendant 20 à 25 minutes. Laissez refroidir pendant deux heures avant de déguster.

Variante

Remplacez les noix par des noix de pécan, des noix de macadamia, des noisettes, des amandes, ou un mélange de ces différents fruits secs.

Les cookies au chocolat
intense

Cette recette américaine met en avant l'utilisation de pépites ou morceaux de chocolat qui sont ajoutés à la pâte, sans autre forme de mélange, et qui créent des contrastes de goût, de couleur et de texture. Délicieux !

100 g de beurre
90 g de sucre glace
1 gousse de vanille
1 œuf
130 g de farine
130 g d'amandes en poudre
1 pincée de sel
80 g de chocolat noir à 70 %

Pour 15 à 20 cookies environ - Préparation : 20 minutes - Cuisson : 8 minutes - Repos : 30 minutes
Matériel indispensable : plaque de cuisson

1

Faites ramollir le beurre à température ambiante ou en le passant rapidement au micro-ondes. Attention toutefois à ne pas le faire fondre. Dans un saladier, mélangez-le avec le sucre. Coupez la gousse de vanille en deux dans le sens de la longueur. Grattez-la avec la pointe d'un couteau et ajoutez les petites graines noires qu'elle contient au mélange beurre-sucre.

2

Ajoutez l'œuf et mélangez à nouveau. Incorporez ensuite la farine, les amandes et le sel. Travaillez la pâte afin d'obtenir une consistance homogène. Laissez-la reposer 30 minutes.

3

Avec un couteau, concassez grossièrement le chocolat noir pour obtenir des morceaux plus ou moins réguliers. Beurrez la plaque de cuisson et préchauffez le four à 180 °C (th. 6).

4

À l'aide d'une cuillère, déposez des petites boules de pâte de la taille d'une grosse noix en les espaçant. Aplatissez-les avec une fourchette mouillée puis saupoudrez-les de petits morceaux de chocolat. Faites-les rentrer dans la pâte en appuyant avec la paume de la main. Enfournez pour 8 minutes de cuisson. Décollez ensuite les cookies encore chauds de la plaque avec une spatule en métal et laissez refroidir.

Les dacquoises au chocolat
subtil

Cette recette est assez proche de celle des macarons mais l'utilisation des noisettes en lieu et place des amandes change complètement la saveur et la texture. On peut déguster les dacquoises natures ou les fourrer avec de la ganache.

130 g de noisettes en poudre
150 g de sucre glace
30 g de cacao amer en poudre
4 blancs d'œufs
50 g de sucre en poudre
50 g de noisettes concassées

Pour 20 dacquoises environ - Préparation : 20 minutes - Cuisson : 10 à 12 minutes
Matériel indispensable : mixeur, fouet électrique, plaque de cuisson, papier sulfurisé, poche à pâtisserie

1

Assemblez les noisettes en poudre, le sucre glace et le cacao amer dans le bol du mixeur bien sec et travaillez-les à grande vitesse pendant 1 minute. Préchauffez le four à 165 °C (th. 5-6). Tapissez une plaque à pâtisserie de papier sulfurisé.

2

Fouettez les blancs en neige ferme, puis ajoutez le sucre en poudre. Battez-les encore 1 minute. Ajoutez l'appareil de noisettes en poudre, de sucre et de cacao. Mélangez sans trop de ménagement. Les blancs doivent en partie retomber et la pâte former un « ruban ».

3

Placez la pâte dans la poche sans mettre de douille et formez une vingtaine de dacquoises en les espaçant légèrement. Saupoudrez-les de noisettes concassées et de sucre glace. Enfournez et laissez cuire pendant 10 à 12 minutes. Laissez refroidir puis décollez délicatement de la plaque de cuisson.

Les madeleines au chocolat

subtil

Les madeleines peuvent très facilement se parfumer au chocolat. Vous pouvez soit aromatiser toute la pâte avec du cacao amer, soit la saupoudrer de copeaux de chocolat dans le moule avant le début de la cuisson ou encore réaliser deux pâtes distinctes et les cuire ensemble comme un marbré.

125 g de beurre
30 g de chocolat noir à 52 %
beurre et farine pour les moules
3 œufs
150 g de sucre
140 g de farine
1 cuil. à café de levure chimique
extrait de vanille

Pour 20 à 25 madeleines environ - Préparation : 15 minutes - Repos : 15 minutes - Cuisson : 10 minutes
Matériel indispensable : moules à madeleines

1

Faites fondre le beurre à feu très doux et laissez-le refroidir. Râpez le chocolat et faites-le fondre au bain-marie sans le laisser chauffer inutilement. Réservez. S'ils sont en métal, placez les moules à madeleines au réfrigérateur puis beurrez-les. Saupoudrez-les de farine puis secouez-les pour faire tomber l'excédent.

2

Dans un saladier, mélangez au fouet à main pendant 20 secondes les œufs et le sucre. Ajoutez la farine, la levure chimique, quelques gouttes d'extrait de vanille et remuez encore un peu. Ajoutez enfin le beurre fondu. Divisez la pâte en deux et, dans l'une des moitiés, ajoutez le chocolat fondu.

3

Préchauffez le four à 180 °C (th. 6). Remplissez aux trois-quarts les moules à madeleines avec la pâte blanche puis la pâte chocolatée. Laissez reposer 15 minutes puis enfournez-les pour environ 10 minutes de cuisson à 180 °C (th. 6).

L'éclair au chocolat
medium

Ce classique incontournable de la pâtisserie au chocolat est absolument délicieux quand il est fait « maison » et surtout dégusté dans l'heure suivant sa préparation. Un grand dessert à redécouvrir.

La pâte à choux
60 g de beurre
25 cl d'eau
10 g de sucre
2 g de sel
125 g de farine
4 œufs

Pour 16 éclairs - Préparation : 1 heure - Repos : 1 heure - Cuisson : 35 minutes
Matériel indispensable : poche à douille

Préchauffez le four à 200 °C (th. 6-7). Dans une casserole, faites chauffer le beurre, l'eau, le sucre et le sel. Quand le mélange arrive à ébullition, ôtez-le du feu. Ajoutez la farine et mélangez. Quand la pâte est bien épaisse, ajoutez les œufs un par un, sans cesser de mélanger. Placez la pâte dans la poche à douille et formez 16 éclairs en les espaçant sur une plaque légèrement beurrée et farinée. Enfournez et laissez cuire pendant 35 minutes. Laissez refroidir les éclairs cuits sur une grille.

La crème pâtissière au chocolat
Préparez la crème pâtissière comme indiqué page 61. Laissez-la refroidir. Au moment de remplir les éclairs, travaillez-la 1 minute avec une cuillère pour bien l'assouplir.

La finition
Incisez les éclairs sur leur longueur et remplissez-les de crème pâtissière au chocolat soit à la cuillère, soit avec une poche à douille.

Le glaçage
300 g de fondant (une pâte de sucre servant à décorer les éclairs)
2 cuil. à soupe de cacao amer

Dans une casserole, faites tiédir le fondant avec le cacao amer et mélangez bien. Trempez tout le sommet des éclairs dans le chocolat et faites retomber l'excédent en passant le doigt dessus. Laissez reposer au moins 1 heure avant de déguster.

À savoir
- Ne faites jamais bouillir le fondant car il perd alors tout son brillant.
- Vous pouvez vous en procurer chez le pâtissier et parfois aussi dans les grandes surfaces au rayon pâtisserie.
- Si vous ne trouvez pas de fondant, trempez vos éclairs dans un peu de chocolat fondu.

Les profiteroles au chocolat

medium

Préparé avec des choux et une glace à la vanille « maison », ce grand classique est parfaitement irrésistible. Vous pouvez faire les choux à l'avance et les garder dans le congélateur mais dès qu'ils sont remplis de glace, consommez-les dans la journée sinon ils se ramollissent.

La glace à la vanille
2 gousses de vanille
25 cl de lait
25 cl de crème
5 jaunes d'œufs
150 g de sucre en poudre
La pâte à choux
1 pâte à choux (voir recette de la page 111)
1 œuf
Le décor
50 g d'amandes effilées
20 g de sucre glace
La sauce
12 cl de lait
150 g de chocolat noir à 52 ou 70 %

Pour 30 profiteroles environ - Préparation : 1 heure - Repos : 1 + 2 heures - Cuisson : 30 à 35 minutes
Matériel indispensable : sorbetière

La glace

Coupez les gousses de vanille en deux dans le sens de la longueur et récupérez les petites graines noires qu'elles contiennent avec la pointe d'un couteau. Dans une casserole, faites frémir le lait, la crème avec les gousses vides et les petites graines noires de vanille. Fouettez, couvrez, puis ôtez la casserole du feu et laissez infuser 15 minutes. Dans un saladier, battez les jaunes et le sucre pendant 1 minute et versez-y le lait vanillé. Mélangez bien puis reversez le tout dans la casserole. Faites cuire comme une crème anglaise. Ôtez la casserole du feu, filtrez à l'aide d'une passoire fine et laissez refroidir. Éliminez les gousses.

Les choux

Préparez la pâte à choux selon les indications de la page 111 et formez une trentaine de petits choux. Dorez-les à l'œuf battu et faites-les cuire 30 à 35 minutes à 170 °C (th. 5-6). Laissez-les refroidir, décollez-les et placez-les 1 heure au congélateur.

La glace

Pendant ce temps, versez la crème à la vanille dans la sorbetière. Quand la glace est assez ferme, remplissez les choux, à l'aide d'une cuillère ou d'une poche à douille. Replacez les choux remplis de glace dans le congélateur pendant au moins 2 heures.

Le décor et la sauce

Dans une poêle, faites dorer les amandes avec le sucre glace et réservez. Au dernier moment, préparez la sauce dans une casserole en faisant frémir le lait, puis hors du feu, ajoutez le chocolat et faites-le fondre en remuant. Disposez les profiteroles sur les assiettes, nappez-les de sauce au chocolat et parsemez-les d'amandes grillées. Servez aussitôt.

La fondue au chocolat
medium

Un dessert « spécial enfants », très simple et toujours bien accueilli !

30 g de chocolat noir à 52 %
50 g de chocolat blanc
250 g de chocolat au lait
45 cl de lait
25 g de maïzena
1 brioche du commerce
2 bananes

Pour 8 enfants environ (il reste de l'appareil pour un second service) - Préparation : 30 minutes
Matériel indispensable : appareil à fondue

1

Cassez les chocolats en morceaux, mélangez-les puis faites-les fondre au bain-marie en mélangeant de temps en temps. Pendant ce temps, dans une casserole, fouettez le lait et la maïzena. Faites bouillir un très court instant tout en fouettant avant d'enlever du feu. Versez le lait sur les chocolats fondus. Mélangez avec une cuillère en bois pour obtenir une pâte lisse, peu épaisse et homogène.

2

Versez ce mélange dans l'appareil à fondue. Réglez-le de manière à ce que le chocolat reste chaud, mais ne se mette pas à bouillir.

3

Coupez la brioche en petits cubes et placez-la dans un saladier. Épluchez les bananes et coupez-les en morceaux. Laissez ensuite les enfants, placés sous étroite surveillance, plonger les cubes de brioche et les morceaux de bananes dans le chocolat.

Le soufflé chaud au chocolat

medium

Cette recette, un peu comme toutes celles de soufflés chauds d'ailleurs, est un peu contraignante car elle doit être faite au dernier moment. Mais quelle récompense !

beurre et sucre en poudre pour les moules
175 g de chocolat noir à 64 %
10 cl de crème liquide
15 g de cacao amer
5 blancs d'œufs
50 g de sucre glace
4 jaunes d'œufs

Pour 4 moules individuels - Préparation : 25 minutes - Cuisson : 15 minutes
Matériel indispensable : moules à soufflés individuels, fouet électrique

1

Beurrez et chemisez de sucre les moules à soufflé. Préchauffez le four à 200 °C (th. 6-7). Râpez le chocolat et faites-le fondre sur un bain-marie juste tiède. Faites bouillir la crème dans une casserole puis ajoutez-la au chocolat fondu avec le cacao. Mélangez bien pour avoir une pâte assez épaisse.

2

Battez les blancs en neige ferme, ajoutez le sucre glace et battez encore une minute. Ajoutez les jaunes au chocolat, puis les blancs (d'abord 3 ou 4 belles cuillerées à soupe, puis tout le reste) et le cacao en poudre.

3

Remplissez les moules avec l'appareil à soufflé. Égalisez la surface avec la lame d'un couteau ou une spatule. Enfournez pour 12 à 15 minutes de cuisson et servez aussitôt.

Le soufflé glacé au chocolat
medium

À faire 1 ou 2 jours à l'avance, dans des moules individuels. La préparation de la recette est assez délicate car elle nécessite un sabayon. Mais, avec un fouet électrique, elle n'est pas si difficile à réussir.

Le sabayon
5 jaunes d'œufs
110 g de sucre en poudre
1 noix de beurre mou
Les autres ingrédients
200 g de chocolat à 52 ou 70 %
12 cl de crème liquide
35 g de cacao amer
5 blancs d'œufs
50 g de sucre glace

Pour 4 moules individuels - Préparation : 45 minutes - Repos : 24 heures
Matériel indispensable : moules à soufflés individuels, fouet électrique, papier sulfurisé

1
Découpez 4 bandes de papier sulfurisé de 6 x 15 cm. Enroulez-les autour des moules et faites-les tenir avec un élastique. Elles doivent dépasser de 2 ou 3 cm de hauteur le bord de chaque moule. Réalisez le sabayon. Dans un bol, assemblez les jaunes d'œufs, le sucre en poudre et 3 cuillerées à soupe d'eau. Placez le bol sur un bain-marie assez chaud, et battez le mélange avec un fouet électrique pendant 15 minutes environ. Lorsque la masse est bien aérée et épaisse, ajoutez le beurre. Sortez le bol du bain-marie et fouettez encore 12 minutes en laissant refroidir. Réservez.

2
Râpez le chocolat et faites-le fondre sur un bain-marie tiède. Faites bouillir la crème dans une casserole puis ajoutez-la dans le chocolat fondu avec le cacao. Mélangez bien pour avoir une pâte assez épaisse.

3
Battez les blancs en neige ferme puis ajoutez peu à peu le sucre glace, tout en continuant à battre encore pendant 3 minutes. Incorporez le sabayon et les blancs en neige au chocolat.

4
Remplissez les moules et mettez-les au congélateur au moins 24 heures. Juste avant de servir vos soufflés glacés, éliminez les bandes de papier sulfurisé.

Accompagnement
Servez vos soufflés glacés avec l'une des sauces de la page 120.

Les sauces au chocolat
intense

Servie chaude, tiède ou froide, la sauce au chocolat est l'accompagnement naturel de nombreux desserts. N'oubliez pas cette indispensable touche de raffinement.

Sauce au chocolat noir à servir chaude

30 cl de lait entier
10 g de maïzena
300 g de chocolat noir à 52 % râpé
d'un cru vénézuélien si possible

Pour 6 personnes – Préparation : 5 minutes

Battez avec un fouet à main le lait froid et la maïzena sur feu moyen. Faites monter ce mélange en fouettant puis enlevez la casserole du feu. Ajoutez le chocolat et mélangez jusqu'à dissolution complète. Servez aussitôt.

Sauce au chocolat au lait à servir tiède

25 cl de lait
1/2 gousse de vanille
60 g de chocolat au lait râpé
30 g de chocolat noir râpé
20 g de sucre glace
2 jaunes d'œufs
1 cuil. à café de maïzena

Pour 4 personnes – Préparation : 15 minutes

1

À l'aide d'un fouet, faites monter le lait et la vanille sur feux doux ou moyen puis ajoutez les deux sortes de chocolat. Dans un saladier, fouettez le sucre et les jaunes d'œufs et ajoutez la maïzena.

2

Versez le lait au chocolat sur le mélange sucre – jaunes d'œufs, et replacez le tout dans une casserole. Faites frémir en mélangeant régulièrement puis ôtez la casserole du feu. Servez tiède.

Sauce au chocolat à servir froide

25 cl de lait
2 cuil. à soupe de cacao amer en poudre
50 g de sucre en poudre
2 jaunes d'œufs

Pour 4 personnes – Préparation : 15 minutes

Faites monter le lait et le cacao sans cesser de fouetter. Dans un saladier, fouettez le sucre et les jaunes d'œufs. Versez-y le lait au cacao, mélangez et mettez le tout dans une casserole. Faites cuire comme une crème anglaise puis filtrez à l'aide d'une passoire fine et laissez complètement refroidir. Servez froid ou glacé.

La mousse au chocolat blanc
subtil

Cette mousse se déguste telle quelle. Mais vous pouvez également l'utiliser pour garnir une génoise, un biscuit roulé ou des profiteroles.

4 jaunes d'œufs
20 g de sucre en poudre
300 g de chocolat blanc râpé
80 g de beurre
50 cl de crème liquide très froide

Pour 6 à 8 moules individuels - Préparation : 35 minutes - Repos : 3 heures
Matériel indispensable : fouet électrique

1

Dans un bol, assemblez les jaunes d'œufs, le sucre en poudre et 3 cuillerées à soupe d'eau froide. Placez le bol sur un bain-marie assez chaud, et fouettez le mélange avec un fouet électrique pendant 15 minutes environ. Lorsque la masse est bien aérée et épaisse, sortez le bol du bain-marie et fouettez encore 12 minutes en laissant refroidir.

2

Dans un saladier, faites fondre le chocolat blanc sur un bain-marie tiède. Mélangez de temps en temps avec une cuillère en bois. Faites fondre le beurre, sans trop le chauffer, puis versez-le sur le chocolat tout en mélangeant.

3

Dans un saladier, battez la crème liquide en chantilly très ferme. Associez les jaunes d'œufs battus au mélange chocolat fondu-beurre, puis incorporez la crème battue. Laissez prendre au réfrigérateur pendant au moins 3 heures.

Attention

Vérifiez bien la capacité maximale de votre sorbetière. Le cas échéant, divisez cette recette par 1,5 ou par 2, si nécessaire.

La glace au chocolat
intense

Idéalement, servez cette glace au chocolat au moment où elle sort de la sorbetière. Moelleuse, et toute fraîche, c'est là qu'elle est la plus savoureuse.

50 cl de lait
50 cl de crème liquide
40 g de cacao amer
200 g de chocolat à 64 %,
d'un cru d'Amérique du Sud si possible
8 jaunes d'œufs
100 g de sucre en poudre

Pour 6 à 8 personnes - Préparation : 35 minutes – Cuisson : 10 minutes - Repos : 2 heures
Matériel indispensable : sorbetière

1
Versez le lait et la crème liquide dans une casserole, ajoutez le cacao amer, le chocolat brisé en carrés et fouettez un instant. Faites frémir sur feu moyen puis retirez du feu. Assurez-vous que le chocolat et le cacao sont parfaitement fondus et qu'il n'y a pas de grumeaux.

2
Dans un saladier, fouettez les jaunes d'œufs avec le sucre jusqu'à ce que le mélange blanchisse. Ajoutez-y le lait au chocolat tout en fouettant et transvasez le mélange dans une casserole.

3
Faites cuire cette préparation sur feu doux pendant 10 minutes environ sans cesser de mélanger, exactement comme une crème anglaise.

4
Quand la sauce épaissit, retirez la casserole du feu. Filtrez la sauce à l'aide d'une passoire fine. Laissez-la complètement refroidir et comptez au moins 2 heures avant de la verser dans la sorbetière. Laissez prendre puis servez immédiatement.

Les truffes au chocolat
intense

Pour préparer les truffes au chocolat, on réalise une ganache au beurre car c'est la plus fondante de toute. Vous pouvez en faire varier le goût en prenant des chocolats noirs, plus ou moins riches en cacao. Pour les enrober, seul le cacao amer est de mise. Pour d'autres recettes de ganaches, voir page 57.

200 g de chocolat à 64 %,
d'un cru du Costa Rica si possible
150 g de chocolat noir à 52 %
160 g de crème fraîche épaisse
50 g de beurre mou
200 g de cacao amer en poudre

Pour 40 à 50 truffes environ - Préparation : 40 minutes - Repos : 3 heures
Matériel indispensable : tamis

1

Râpez finement le chocolat noir. Dans une casserole, portez la crème à ébullition puis enlevez-la aussitôt du feu. Versez le chocolat râpé dans la crème, ajoutez le beurre en morceaux et mélangez jusqu'à dissolution complète et obtention d'une belle masse brillante et à peine élastique.

2

Étalez la ganache dans un plat chemisé de papier sulfurisé, couvrez de film alimentaire et laissez prendre au réfrigérateur pendant 3 heures environ.

3

Démoulez la ganache solidifiée puis, selon les goûts, roulez-la en boules, découpez-la en carrés, rectangles ou triangles de petite taille.

4

Tamisez le cacao amer. Déposez-le dans un plat et faites-y rouler les truffes à l'aide d'une fourchette, sans les toucher avec les doigts. Ôtez le surplus de cacao puis déposez-les sur une assiette ou dans des petites caissettes. Conservez les truffes dans le réfrigérateur jusqu'à leur dégustation.

Variantes

Pour donner une saveur vraiment unique à vos truffes, faites infuser une pincée de piment d'Espelette dans la crème puis filtrez-la avant d'y plonger le chocolat. Pensez aussi au thé au jasmin, au poivre du Sichuan ou à l'anis étoilé pour parfumer et personnaliser vos truffes.

Le chocolat chaud
intense

120 g de chocolat à 70 %,
d'un cru de Java si possible
50 cl de lait demi écrémé
30 g de cacao amer + pour le service
45 g de sucre en poudre

Pour 4 personnes - Préparation : 15 minutes
Matériel indispensable : mixeur à potage ou mixeur classique

1
Râpez le chocolat. Réservez. Dans une casserole, faites monter le lait avec le cacao et le sucre.

2
Hors du feu, ajoutez le chocolat et mixez la préparation à grande vitesse pendant au moins 2 minutes.

3
Quand le chocolat chaud est bien mousseux, servez-le aussitôt dans quatre grandes tasses. Saupoudrez d'un soupçon de cacao amer.

Variante
Pour les « vrais » amateurs de chocolat, remplacez le lait par de l'eau minérale. La boisson est alors moins riche, moins mousseuse aussi, mais la saveur du chocolat bien plus dense.

Tarte au chocolat
medium

L'alliance toute simple de la pâte sablée et de la ganache donne ce superbe dessert. Vous pouvez faire cette tarte soit assez amère en prenant des chocolats à fort pourcentage en cacao, soit plus douce en utilisant du chocolat au lait.

La pâte

120 g de beurre mou + 2 noisettes pour le moule
30 g de sucre glace
30 g d'amandes en poudre
150 g de farine + 1 cuil. à soupe pour le moule
1 jaune d'œuf

Pour 6 à 8 personnes - Préparation : 40 minutes - Repos : 2 x 1 heure
Cuisson : 20 minutes - Matériel indispensable : moule à tarte de 24 ou 28 cm de diamètre

1

Préchauffez le four à 140 °C (th. 4-5). Dans un saladier ou sur le plan de travail, mélangez le beurre, le sucre glace, les amandes et la farine. Ajoutez le jaune d'œuf, mélangez à nouveau, et formez une boule que vous laisserez reposer 1 heure au réfrigérateur.

2

Beurrez et farinez le moule à tarte. Chemisez l'intérieur du fond de tarte. Posez une feuille de papier sulfurisé dans le fond du moule, remplissez-le de haricots secs et faites cuire à blanc pendant 20 minutes à 140 °C (th. 4-5). Sortez du four, laissez refroidir, puis ôtez la feuille et les haricots secs.

La garniture au chocolat

350 g de chocolat (noir ou au lait), d'un cru de Sao Tomé si possible
200 g de crème fraîche

1

Râpez grossièrement le chocolat ou concassez-le. Dans une casserole, portez la crème à ébullition puis enlevez-la immédiatement du feu. Versez le chocolat dans la crème et mélangez, toujours hors du feu.

2

Quand la masse est homogène, brillante et toujours assez liquide, versez-la dans le moule pour obtenir une couche régulière. Laissez refroidir et prendre au réfrigérateur pendant 1 heure. Servez frais.

À savoir

· Pensez aux fruits secs pour décorer votre tarte. Prenez des amandes, des pistaches, des noisettes ; concassez-les, faites-les griller à la poêle avec un peu de sucre glace et saupoudrez-les sur la tarte quand la garniture de chocolat est légèrement solidifiée.
· Il existe aussi des chocolats pour dessert, au pralin. Ils sont parfaits pour cette recette.
· Pour que la tarte au chocolat soit bien lisse, versez la garniture encore chaude dans le moule pour qu'elle s'étale bien. Si vous la lissez avec une cuillère ou une spatule, des traces resteront.
· Une bonne combinaison de chocolat pour la garniture : 200 g de chocolat à 52 %, 100 g à 64 % et 50 g à 70 %.

Le chocolat froid
intense

120 g de chocolat à 52 %
50 cl d'eau minérale
35 g de cacao amer + pour le service
55 g de sucre en poudre

Pour 4 personnes - Préparation : 15 minutes
Matériel indispensable : mixeur à potage ou mixeur classique

1
Râpez le chocolat. Dans une casserole, faites frémir l'eau minérale avec le cacao et le sucre.

2
Hors du feu, ajoutez le chocolat et mixez la préparation à grande vitesse pendant au moins 2 minutes.

3
Quand le chocolat chaud est bien mousseux, laissez-le refroidir un bon moment. Servez-le ensuite dans des verres à moitié remplis de glaçons. Saupoudrez avec un soupçon de cacao amer.

Chocolat et traditions dans le monde

Le chocolat est autant célébré à l'étranger qu'en France : les gourmands de tous les pays paraissent donc tous aimer les mêmes choses… et souvent aux mêmes moments puisque les « pics » de consommation du chocolat (Pâques et Noël) concernent toute l'Europe mais aussi les États-Unis et, à moindre échelle, le Japon, dont les grands amateurs de chocolats savent se faire entendre !

Aux États-Unis, la grande et célèbre marque Hershey's, implantée en Pennsylvanie, régale les gourmands depuis un siècle. Cette marque, très connue outre-Atlantique, a construit un véritable empire, avec des écoles, des crèches pour ses salariés, des centres de formation, des boutiques, et même un musée… sur le chocolat, bien sûr !

Au Japon, quelques chocolatiers français de grand talent se sont installés et ont ouvert de superbes boutiques. Ils ont su conquérir une clientèle exigeante et connaisseuse. Leurs créations, influencées par la culture nipponne, donnent l'eau à la bouche : bouchées aux fleurs, en forme de sushi, de maki, etc.

En Chine, la tradition du chocolat est à peu près inexistante mais une nouvelle classe, urbaine et nantie, ne demande qu'à être convaincue. Un premier grand Salon du chocolat s'est tenu à Pékin en juin 2005 et le public, enthousiaste, a commencé à s'initier aux ganaches, bouchées et autres mousses, très appréciées, sans modération !

Mais c'est dans son berceau d'origine, au Mexique, que la tradition du chocolat est encore la plus vive, dans le cadre d'une consommation familiale, sans fastes ni paillettes… Dans l'État d'Oaxaca, on prépare sans façon le « *tejate* », délicieuse boisson glacée à base de maïs, de fleurs de cacaoyer, de fèves de cacao grillées, d'eau, de sucre… et de cendres de bois.

Le « *champurado* » est une autre boisson, servie chaude quant à elle, et aromatisée avec de la cannelle et du sucre roux, le *piloncillo*.

Les « *moles* », quant à eux, sont présentés sous forme de poudre ou de pâte et servent à préparer des sauces. Leurs couleurs peuvent aller du marron sombre au rouge orangé, selon la composition et la teneur en piment. Tous contiennent du cacao amer et accompagnent merveilleusement la volaille et la dinde.

Les fêtes « tout chocolat » : symboliques

Pâques

Pâques est la grande fête du chocolat et c'est à cette occasion qu'il revêt les formes les plus diverses. L'œuf, symbolisant la résurrection du Christ, peut prendre à peu près toutes les tailles. En France, les textes faisant état de cette tradition remontent environ au XVe siècle. On sait que Louis XIV faisait bénir de grandes corbeilles d'œufs dorés qu'il remettait aux courtisans et à ses domestiques en remerciement des services rendus. La tradition aurait fait du roi le destinataire du plus gros œuf du royaume.

De nos jours, ce sont les enfants, pour leur plus grande joie ! On pense que l'origine des œufs de Pâques date de l'instauration du Carême. L'Église avait interdit la consommation des œufs pendant une période de quarante jours. Il fallait donc, à l'issue du jeûne et pour ne pas les perdre, consommer les œufs qui s'étaient accumulés durant tout ce temps, en les mangeant cuits et cuisinés pour les plus récents ou bouillis et décorés pour les plus vieux.

La tradition de l'œuf décoré et peint est toujours très vivante en Ukraine et dans la majorité des pays orthodoxes. Il est de tradition de les partager avec ses proches, le jour de Pâques, en prononçant l'invocation « Christ est ressuscité ! ». En Alsace, en Allemagne, en Suisse et en Autriche, les œufs de Pâques sont censés être apportés par le lièvre de Pâques (*Osterhase*). C'est pourquoi la figure du lapin en chocolat est-elle aussi présente. À cela se sont ajoutés les cloches, les poules, ainsi que les poussins, sous toutes les formes possibles et imaginables.

Noël

À Noël, il est dans la tradition de faire une très belle place au chocolat. Il y a tout d'abord les petits (ou gros) Pères Noël, mais aussi les boules et autres bouchées en chocolat qu'il faut suspendre aux branches du sapin pour que la fête soit réussie.

Le calendrier de l'Avent, avec ses petites fenêtres à ouvrir chaque jour et ses carrés de chocolat au lait, contribue au bonheur de nos bambins. L'Avent (du latin *adventus* « venue », « arrivée ») est une période de quatre semaines qui précède Noël. Elle débute le quatrième dimanche avant Noël, et marque le début de l'année ecclésiastique. Cette tradition germanique avait pour but de faire patienter les enfants. À l'origine, on remettait une image pieuse chaque matin, comportant une phrase de l'Évangile.
Plus tard les biscuits puis les chocolats remplacèrent les images et le calendrier prit alors la forme d'une planche cartonnée dans laquelle furent découpées vingt-quatre fenêtres à ouvrir chaque jour et contenant chacune un chocolat. On peut parfois y lire une phrase de l'Évangile.
Noël est aussi la période des bouchées, truffes et autres douceurs qui viennent rythmer ou conclure les grands repas de fêtes.

La tradition de la Bûche est quant à elle liée à la célébration du solstice d'hiver. Lors de la veillée de Noël, la tradition était de faire brûler une bûche dans l'âtre, qui devait se consumer et durer les douze jours du cycle.
On prenait, de préférence, un tronc d'arbre fruitier, censé garantir des récoltes fructueuses pour l'année à venir. La bûche était parfois bénie à l'aide d'une branche de buis que l'on gardait ensuite jusqu'aux Rameaux.

« PETITS PLUS » AUTOUR DU CHOCOLAT

POUR UN ACHAT SANS SURPRISE

Pas toujours facile de faire son choix au rayon « chocolats » tant les variétés sont importantes... Voici quelques clés pour vous aider.

Grandes surfaces ou chocolateries artisanales ?

Difficile de trancher car il existe de très bons chocolats dits « industriels ». Le point fort de la chocolaterie réside dans tous les conseils que vous pourrez y trouver. Les recettes complexes comme les bouchées, les truffes, les chocolats « recettes » avec ajout d'épices, d'aromates ou de fleurs, qui requièrent une grande maîtrise, sont sans doute plus convaincants quand ils sont élaborés par des artisans.

La « chocolathèque » idéale

Que ce soit pour faire des recettes de pâtisserie ou pour le déguster nature, il est toujours agréable d'avoir un choix de chocolats le plus vaste possible. Ayez toujours sous la main plusieurs chocolats noirs qui seront le cœur de votre assortiment. Optez pour des chocolats à 52, 70, 80, voire même à 99 % que l'on trouve désormais aisément.

Prenez aussi le temps de rechercher des chocolats « IGP », bénéficiant d'une Indication Géographique Protégée. Ce sont les chocolats de « crus » ou de « grands crus », des produits exceptionnels ne provenant que de zones délimitées et dont ils tirent toutes leurs spécificités, chaque plantation, chaque hacienda de production ayant ses propres caractéristiques. Il arrive que ces chocolats bénéficient en plus de la mention « Bio » ou soient issus du commerce équitable comme les crus « Kuapa Kokoo » du Ghana ou « El Ceibo » de Bolivie.

N'oubliez pas les chocolats au lait. À côté de produits « standard » de gamme moyenne, on trouve maintenant des chocolats au lait de qualité exceptionnelle et même certains « crus », absolument délicieux. Il existe également des chocolats au lait pour lesquels l'opération de « broyage / affinage » (voir page 155) a été particulièrement poussée. Les particules de cacao sont tellement fines que le produit atteint une texture et un fondant vraiment uniques. Ayez plusieurs marques à disposition, chacune ayant ses particularités.
Pour les chocolats blancs, pas d'hésitation : n'achetez que des marques renommées. Idéalement, ayez-en aussi provenant de chocolateries artisanales. Pour les cacaos en poudre, visez l'excellence et ne choisissez que des produits de grande marque. Ne les confondez pas avec les poudres pour boissons chocolatées, sucrées, qui n'ont rien à voir et qui ne sont pas pour les mêmes usages.

À savoir

La mention « MGV » portée sur la liste des ingrédients indique que des matières grasses végétales autres que le beurre de cacao ont été ajoutées au chocolat à hauteur de 5 % pour en faire baisser le prix. Soyez vigilant !

TRUCS ET ASTUCES POUR CUISINER LE CHOCOLAT

Faire fondre le chocolat

Quelle que soit la manière utilisée, au bain-marie, au four à micro-ondes, ou dans une casserole, le chocolat ne doit jamais trop chauffer quand on le fait fondre. Souvenez-vous que la température de fusion du beurre de cacao avoisine les 30 °C. En faisant chauffer inutilement le chocolat, vous en désorganisez complètement la structure, même si cela ne se voit pas à l'œil nu. Soyez vigilant et veillez à ce que le récipient dans lequel vous le faites fondre soit parfaitement sec.

Ajouter des ingrédients au chocolat fondu

Commencez toujours par l'ajout du beurre ou de la crème puis dans un second temps les jaunes d'œufs, quand ils sont nécessaires à la recette. N'oubliez pas que le chocolat est une émulsion et qu'à ce titre, il est très sensible à l'eau (même celle contenue dans les jaunes d'œufs) qui peut le faire « masser » en une boule compacte et inutilisable.

Faire une ganache

Plus le chocolat est râpé, concassé ou haché finement, plus sa fonte sera rapide et moins le risque d'avoir des grumeaux sera grand. Le principe est simple, essayez de vous y tenir.

Incorporer des blancs d'œufs battus dans une mousse

Minimisez toujours le temps de mélange : plus vous agitez la préparation pour incorporer les blancs, plus ceux-ci laissent partir les micro-bulles d'air qu'ils contiennent.

Faire refroidir un gâteau au chocolat

Démoulez-le chaud et laissez-le refroidir sur une grille pour que la vapeur d'eau qui s'en échappe puisse se dissiper sans le ramollir.

Utiliser du cacao amer

Prenez toujours le temps de le tamiser à travers une passoire fine car il a tendance à se tasser et à s'agglomérer en petits grumeaux pendant sa conservation.

À savoir

N'oubliez pas que le cacao amer et tous les chocolats noirs contiennent un alcaloïde, la théobromine à laquelle certaines personnes peuvent être sensibles. Pour ne bénéficier que de ses effets positifs, étalez votre consommation sur toute la journée.

LA CONSERVATION DU CHOCOLAT

Les tablettes

Le chocolat n'aime pas les variations de température, la chaleur, les grands froids, la lumière et l'humidité. En sachant cela, trouvez dans la maison la pièce idéale… Bien conservé, il est à peu près inerte et peut se garder de longs mois. Une fois entamé, emballez-le bien dans du papier d'aluminium et entreposez-le dans un récipient hermétique.

Les poudres

Les poudres de cacao amer sont très sensibles aux variations de l'humidité de l'air. En effet, elles sont très « sèches », captent l'humidité ambiante et peuvent ainsi s'agglomérer ou former des grumeaux. Quand vous en achetez, placez-les dans une boîte hermétique que vous entreposerez loin des sources d'humidité, comme la cuisinière ou l'évier.

Les mousses

Riches en matières grasses, les mousses ont le vilain défaut de capter et prendre les saveurs et odeurs qui les entourent. Une fois terminées, recouvrez-les hermétiquement de film alimentaire afin qu'elles ne soient plus en contact avec l'extérieur.

Les truffes et bouchées maison

Les truffes ont le même défaut que les mousses, prenez donc les mêmes précautions. De plus, elles sont très sensibles à l'humidité. Si vous devez les mettre dans le réfrigérateur qui est un endroit particulièrement humide, protégez-les d'une double ou triple épaisseur de film alimentaire.

Les gâteaux

Pour mieux les conserver, ne les laissez jamais refroidir dans leur moule de cuisson. Quand ils sont froids, recouvrez-les complètement de papier d'aluminium puis de film alimentaire.

Les crèmes

Placez-les au réfrigérateur, bien recouvertes de film alimentaire. Idéalement, déposez le film directement en contact avec la crème, elle ne pourra alors ni sécher ni prendre les saveurs des autres aliments qui peuvent se trouver à ses côtés.

LES VARIÉTÉS DE CACAOYER, LES GRANDS CRUS DU CACAO

Malgré les ressemblances, n'oubliez pas qu'il y a chocolat… et chocolat ! Entre une simple tablette bonne mais sans réelle personnalité et une bouchée d'un grand cru de Côte d'Ivoire, il existe de véritables différences.

Les variétés de cacaoyers

Les criollo

Les criollo sont des cacaoyers sensibles aux maladies, au terrain, aux parasites et assez faiblement productifs. Ils demandent beaucoup de soins. La forme et la couleur des cabosses qu'ils produisent sont très variées mais ils donnent des chocolats très aromatiques, presque floraux et peu amers.

Les forastero

Il existe plusieurs sous-variétés de forastero (amelonado, para, maranhoa…) toutes robustes et productives. Ce sont les cacaoyers les plus cultivés au monde et ils sont réputés donner des chocolats plus neutres ; ce défaut est très relatif, fluctuant selon les régions de productions et les méthodes d'élaboration.

Les trinitario

Les trinitario sont des cacaoyers hybrides des deux variétés précédentes dont ils conjuguent, en principe, les avantages. Ils donnent des chocolats subtils, complexes et très agréablement amers.

Les nacional

Les cacaoyers nacional, devenus assez rares au fil du temps, donnent des cacaos très fins nommés « arriba ».

Les grands crus de cacao

Les grands crus sont disséminés sur toute la zone de production. Les grandes marques de chocolat ont encouragé cette démarche de qualité qui permet d'obtenir des chocolats originaux, portant en eux toute la typicité d'un terroir, exactement comme un vin ou un armagnac, par exemple.

Afrique orientale

Madagascar

Ces grands crus demeurent assez rares, mais certains chocolatiers les commercialisent sous forme de tablettes ou de pastilles à 75 % de cacao. Très aromatiques, ils se caractérisent souvent par leur équilibre et leur « nez » raffiné.

À savoir

Un chocolat sans mention particulière est un « blend », un mélange équilibré de tout ou partie de ces différentes variétés. Un chocolat « mono-origine » n'est fabriqué qu'avec une seule des variétés criollo, forastero, trinitario ou nacional.

Afrique occidentale

Les grands crus africains sont de purs délices. Découvrez ceux qui proviennent de Côte d'Ivoire (superbes avec des notes de noisettes), de Sao Tomé (rares, très aromatiques), du Ghana (riches et subtils), du Nigeria, du Cameroun, de Fernando Pô, du Congo (généreux, très longs en bouche).

Amérique centrale

Les principaux grands crus viennent du Mexique et du Costa Rica. Ce sont des chocolats francs, pas toujours très puissants mais raffinés et toujours très élégants.

Amérique du Sud

On y trouve les grands crus du Venezuela (donnant des chocolats noirs extrêmement puissants et aromatiques), de Colombie, d'Équateur, du Brésil (chocolats assez amers et fruités) ou des Caraïbes. Notons également les grands crus de la Jamaïque (superbes), autrefois d'Haïti, de la Grenade et de Trinité.

Asie

Découvrez les rares crus de Ceylan et surtout de Java, complexes, avec parfois une légère astringence mais toutefois très aromatiques.

Océan Pacifique

Pensez aux crus des Iles Samoa.

Quelques grands crus et leurs zones d'origine

Grands crus	Pays d'origine
Palmira, ocumare, conception	Venezuela
Araguani, alpaco	Équateur
Guanaja	Honduras
Uba Budo, villa gracinda	Sao Tomé
Manjari, manguro, ampamakia	Madagascar
Los ancones	République Dominicaine
Maralumi	Papouasie-Nouvelle-Guinée

À savoir

Les plus gros producteurs de fèves de cacao sont le Brésil et la Côte d'Ivoire.
Les cacaos les plus fins sont réputés venir d'Amérique centrale et d'Amérique du Sud.

On connaît plus de 600 molécules conduisant à la saveur du chocolat, certaines donnant des notes à peu près identifiables. En voici quelques-unes.

Arômes de bases : notes grillées, beurrées... • pyrazynes, aldéhydes, etc.
Arômes secondaires : notes fruitées • esters, etc.
Arômes secondaires : notes de noisette • complexes polypeptidiques, etc.
Saveurs primaires : notes acides • acides organiques
Saveurs primaires : notes amères • dicétopipérazines, etc.
Sensations physiques : astringence • composés phénoliques, etc.

LA FABRICATION DU CHOCOLAT

Le chocolat est le fruit d'une longue et patiente élaboration où le savoir-faire traditionnel et les connaissances scientifiques cohabitent de manière assez unique. Pour être incollable, voici les principales étapes de fabrication du chocolat.

La fermentation des fèves

Les fèves humides et extraites des cabosses sont mises à fermenter juste après la récolte. C'est pendant cette opération cruciale que sont créés les « précurseurs d'arômes », des molécules qui donnent au chocolat tout son arôme. La fermentation est réalisée sur la zone même de production.

Le séchage des fèves

Une fois fermentées, les fèves sont mises à sécher sur des grilles. Elles prennent alors une teinte marron caractéristique. On les stocke ensuite dans des sacs en jute, avant de les exporter dans le monde entier, pour être transformées.

La torréfaction des fèves

Dans la chocolaterie, les fèves sont mises à griller dans de grands fours. Les « précurseurs d'arômes » générés pendant la fermentation se potentialisent à cette étape. Une trop faible torréfaction donne un chocolat fade. Si elle est trop prolongée, il devient alors amer. Cette étape est une des clés du secret d'un bon chocolat.

Le mélange des fèves

Une fois refroidies, on procède au mélange de différentes origines et variétés de fèves pour obtenir des chocolats les plus équilibrés possibles en termes de puissance et de notes aromatiques. C'est un peu comme dans un vin dans lequel différents cépages sont associés pour obtenir une qualité optimale.

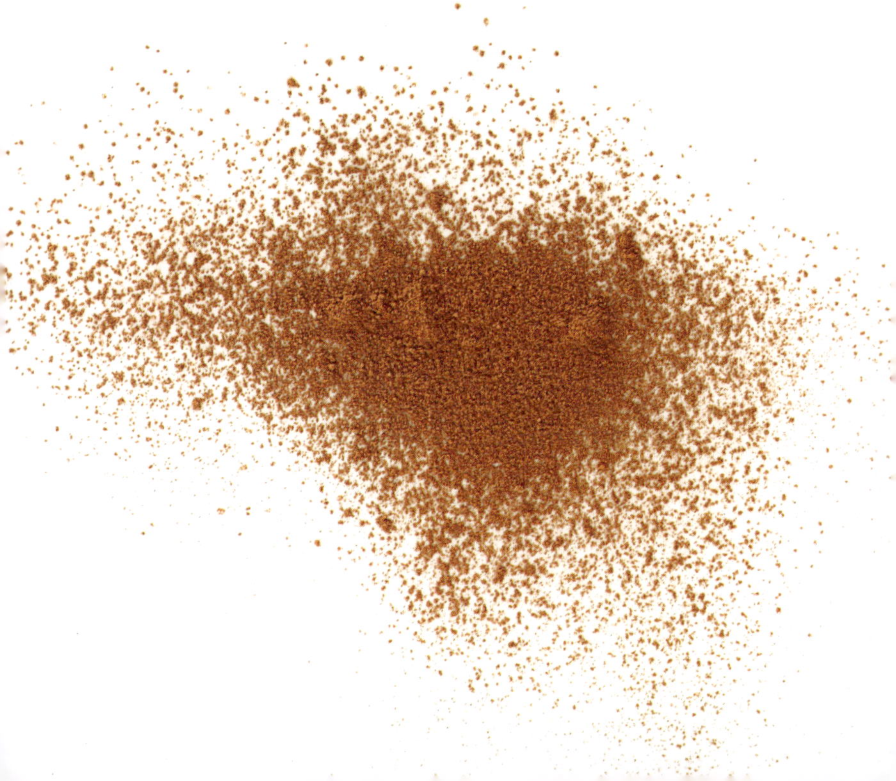

Le broyage / affinage

Les fèves sont très finement broyées pour obtenir la « pâte de cacao », matière première de base du chocolat composée de cacao et de beurre de cacao. La finesse des grains de cacao ne dépasse guère 20 microns ce qui les rend imperceptibles au palais.

L'ajout des ingrédients

Le chocolat est une recette : on y ajoute du sucre, et selon les cas, un émulsifiant et des arômes. Selon les marques et les pourcentages de cacao annoncés sur les plaques, on y incorpore aussi du cacao en poudre ou du beurre de cacao.

Le conchage

Les « conches » sont des bassins de fonte à l'intérieur desquels des galets en forme de rouleaux vont et viennent sans arrêt, écrasant la pâte pour l'étirer, lui donner souplesse et velouté. La qualité de cette étape est un des gages principaux de la délicatesse du chocolat.

Le tempérage

Le tempérage est l'art de porter le chocolat à des températures garantissant une cristallisation parfaite et optimale du beurre de cacao. C'est cette étape qui détermine l'aspect brillant du produit fini.

Le moulage

Le chocolat est enfin coulé dans des moules, refroidi puis emballé.

À savoir

Le cacao amer en poudre est obtenu par pressurage et filtrage de la pâte de cacao obtenue pendant l'étape « broyage / affinage ».

Table des recettes

Table des matières

En remerciement à Philippe Da Silva, le chef et l'ami avec qui,
il y a maintenant de nombreuses années, j'ai pu découvrir quelques-uns
des grands mystères de la cuisine et de la pâtisserie...
Bien à toi,
Stéphan Lagorce

Je remercie Isabelle de Margerie pour ses céramiques toujours aussi subtiles
pour les recettes suivantes : les truffes au chocolat, la pâte à tartiner,
le fondant au chocolat noir, l'accord chocolat et légumes, les ganaches au chocolat,
les décors en chocolat, les mendiants au chocolat et les profiteroles au chocolat.
Je remercie également Habitat, BHV, Dehillerin et Mora pour le matériel et G. Detou
pour les ingrédients spécifiques.
Delphine Brunet

Direction, Jean-François Moruzzi et Pierre-Jean Furet
Responsable éditoriale, Brigitte Éveno
Direction artistique, Nicole Dassonville
Conception graphique et réalisation, Dune Lunel aka modzilla!
Suivi éditorial, Nelly Megret et Anne-Fleur Drillon
Préparation de copie et corrections, Delphine Pont
Fabrication, Amélie Latsch et Stéphane Mouren
L'éditeur remercie Julie Dupré pour son aide.

Imprimé en Chine par Leo Paper Group – dépôt légal : octobre 2010
ISBN : 978-2-01-230218-1
23-27-0218-01-0

les arômes du Chocolat

les arômes du Chocolat